JN438204

결혼 50주년 기념 수필집

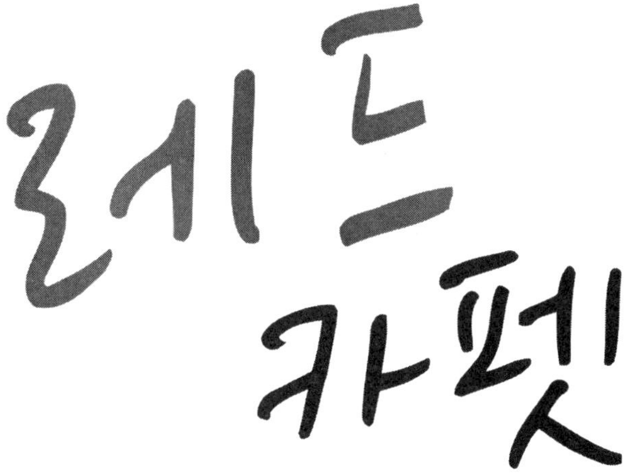

글 · 민서현

레드 카펫

글 · 민서현

님이여
손을 잡아요 팔짱을 끼어요
눈앞에 펼쳐있는 레드 카펫

문학공원

[책을 펴내며]

내 사랑의 시작

- 결혼 50주년에 즈음하여

남편의 시력에 문제가 있다는 것을 발견한 것은 결혼 전 데이트할 때였다. 한쪽 눈 콘택트렌즈를 길에서 잃어버린 그가 더듬거리며 뒤늦게 약속장소에 나타나서 지독한 고도근시임을 고백했을 때 염려는 되었지만 그래도 그것에 개의치 않고 나는 결혼을 했다. 그리고 실제로도 결혼생활에 큰 문제는 없었다.

그런데 큰아이가 군 입대 한 바로 그 해에 남편의 눈에 망막박리가 와서 50일 간 입원해 있으면서 수술을 받았지만 수술은 실패했고 남편은 거기서 한쪽 눈의 시력을 완전히 잃었다. 온전한 눈 하나도 남아있고 외관상도 괜찮아서 우리는 불평 없이 현실에 순응했지만 쌓여가는 연륜만은 어쩔 수 없어 그의 시력은 날로 퇴화해갔다.

내 회갑 여행지인 발리의 한 해변에서 그는 화관을 쓴 내 독사진을 작품인양 아주 멋지게 찍어주었고 마침내 그의 손에서 영원히 카메라를 내려놓았다.

설상가상으로 그즈음에 나는 불치병으로 잘 알려진 류머티스 관절염에 걸려들었다. 남편은 통증에 시달리는 아내를 등에 업고 용하다는 민간요법 장소의 가파른 층계를 열심히 올라 다녔더니, 이에 감동한 그곳 원장님이 퇴근길의 왕진을 자처하셨던 2년간의 세월도 있다.

결혼 35년 주년 기념일 날, 우리는 장미꽃이 만발한 5월의 우리 집 정원에서 교회 담임목사님을 주례로 모시고 앵콜 웨딩을 하였다. 그리고 살고 있는 살림집을 레스토랑으로 리모델링하여 그 날짜에 맞추어 오프닝을 했다.

아주 심했던 류머티스 관절염의 통증도 다소 호전이 되고 35년 결혼생활의 무사한 항해에 감사하여 우리 부부가 생각해낸 것이 우리 집이 누리고 있는 한강변의 이 아름다움을 모든 이들과 공유 하자는 것! 직장이면서 살림집이 된 그곳에서 우리는 어디 먼데로 출퇴근하는 번거로움이 없이 수월한 10년간의 직장생활을 했다. 그러나 영업을 하는 내내도 내 건강은 부실하여 통원치료를 받아왔는데 약물중독이 두려워진 내가 의사와 상의 없이 일정기간 동안 약을 끊었던 게 화근이 되어 어느 날 아침 주체할 수 없는 고통에 몸부림치는 대형사고가 터졌다.

다급해진 남편이 무의식중에 내 다리를 정신없이 주무르기 시작했고 이것이 오늘까지 만 11년 동안 하루도 빠짐없이 내 다리를 주물러주는 계기가 되었다. 주치의가 인정할 만큼 나는 이제 건강을 되찾았지만, 그동안 남편의 인대는 망가졌었고 맨손바닥으로 파고든 누런색 류머티스 독소는 그의 손바닥에 둔덕을 만들어 병원치료까지도 받아야 했었다.

그러는 사이 남편의 시력은 하루하루 조금씩조금씩 나빠지다가 급기야 요즘들어부터는 스스로의 거동이 불가능한 지경에까지 이르러 있다.

6년 전 가을 우리는 양평 쪽에 집을 지어서 이사를 했다. 도심에서의 생활보다는 아무래도 공기 맑은 전원생활이 눈 나쁜 남편에게는 이로울 것이라 판단한 나는 내 활동무대인 서울을 포기하고 레스토랑은 두 아들들한테 맡기고 남편과 단둘이 푸른 숲속으로 들어왔다.

우리는 이제 호젓한 산골의 개울물소리에 함박웃음이 감돌고 손잡고 산책하는 푸른 숲길의 청량한 바람에 마냥 행복하다. 음악을 듣고 노래도 부르며 글도 쓴다. 유실수도 가꾸고 채마밭을 일구며 때로는 친지들을 불러 모아 시낭송도 하고 동호인들과 힐링콘서트도 열면서 아름다운 자연을 누리면서 살아간다. 마을 주민들과의 돈독한 친분을 위해 사물놀이도 배워서 함께 공연하고 이따금 오찬도 나누면서 원주민들과 정들여 간다.

요즘 나는 행복하다. 남편이 더없이 미덥고 소중하다. 세상의 어떤 누가 저 지경에서 저이만큼 초연할 수 있을까? 아내의 얼굴도 보지 못하는 그이는 얼마나 절망스럽고 두려울까마는 여러 가지 꾸준한 운동으로 자기 몸을 단련시키고 있다. 또한 스스로 관리하며, 수시로 가족들 하나하나에게 위로를 하고 당신 생활에 양해를 구하면서 고통스러움을 내색하지 않는다. 그 인내심과 침착함에 나는 고개를 숙이고 예전보다 더욱 더 그를 사랑하고 존경하게 되었다. 지금까지 나는 내 남편이 호쾌하고 통 큰 남자인 줄은 알았지만 이렇게까지 큰 그릇인 줄은 몰랐다.

이제 나는 그의 존재 하나 만에도 감동하고 감격한다. 뒤돌아보니 젊고 싱싱했을 때의 사랑은 사랑의 엑서싸이즈, 연습이었을 뿐이고 순금 같은 내 사랑은 오히려 지금부터가 아닌지…….

가늠할 수 없는 류머티스의 깊은 수렁 속으로 스스로 몸을 던져서 나를 끌고나온 내 남편……. 나는 그로부터 받은 사랑의 빚을 이제부터 갑절로 쳐서 되돌려 주리라.

남편은 나의 미션이고 나의 비젼이다.

"사랑!"

지난 2020년 5월 25일은 우리가 결혼한 지 50년이 되는 날! 일흔일곱 살 이 나이에 나는 감히 '사랑'이란 단어를 입에 올렸다. 너무나도 소중하고 귀한 것이기에 결코 남발하지 않았던 '사랑'이란 두 글자를 50주년 기념 시에서 나는 외치고 외친다.

그렇다. 내 사랑의 시작은 바로 지금부터다.

2020년 가을

민 서 현

[책을 펴내며]

숭고한 사랑의 대서사시

김 순 진(문학평론가 · 고려대 평생교육원 교수)

민서현 선생님과 나는 한 문학행사장에서 만났다. 그때 나는 민서현 선생님의 옆자리에 앉게 되었는데, 출판사를 하는 나는 명함을 건넸고, 그런 인연으로 민서현 선생님은 우리 출판사인 도서출판 문학공원에 출판을 의뢰해오셨다. 그런데 민서현 선생님의 수필집을 편집하며 많이 감동했고 많이 배웠다. 선생님은 평생을 살아오면서 많은 어려움과 난관 속에서도 지속적으로 우아함을 잃지 않고 살아오신 분이라는 것을 깨닫고 나니 속으로부터 존경하는 마음이 우러나온다.

민서현 선생님은 대학시절에 만난 남편과 올해 결혼 50주년을 맞으셨다. 지금 민서현 선생님의 부군께서는 시력을 잃어 거의 모든 것을 민서현 선생님이 손과 발이 되어주고 계신다. 가끔 짜증이 나거나 힘이 들 때도 있으련만 늘 기쁜 마음으로 기꺼이 손발이 되어드린다. 민서현 선생님은 오래전부터 류머티스 관절염을 앓으셨다. 그때 부군께서는 사랑을 다하여 날마다 주물러주시고 치료의 기도를 해주셨다고 한다. 부군의 그 아름다운 수고에 대하여 지금 민서현 선생님께서 갚고 계신다고 말씀하신다. 참으로 아름다운 사랑이다. 저렇게 50년 동안 한결같은 사랑을 이어오시는 것을 보니 감동의 눈물이 나온다.

요즘 젊은이들은 신혼여행지에서 헤어지거나, 양말이나 옷을 아무데나 벗어놓는다고 헤어지는 경우가 있다고 한다. 결혼이란 가문과 가문의 인륜지대사이다. 가문과 가문을 위해서라도 서로 양보하고 이해하면 풀릴 수 있는 문제를 성격차이라고 갈라서는 젊은이들에 대하여 민서현 선생님 부부가 사랑은 이렇게 하는 것이라고 한 수 가르쳐주시는 것 같다.

민서현 작가의 수필은 삶을 바탕으로 쓰여져 읽는 사람으로 하여금 고개를 끄덕이게 만든다. 누구에게나 있을 법한 이야기들이 소재로 쓰였기 때문에 공감이 간다. 거기에다 모든 작품마다 민서현 선생님이 평생 견지해온 우아함과 사랑이 작품 밑바탕에 깔려 있어서 가슴이 따스해짐을 느끼게 된다. 올해로 결혼 50년을 맞으시는 두 분은 아직도 아름다운 사랑을 하고 계신다. 그 아름다운 사랑이 지속될 수 있었던 이유는, 우선, 민서현 선생님 가문이 올곧은 가문이었을 것이고 두 번째로는 기독교 신앙이 밑바탕이 되었을 것이다. 하여 나는 민서현 작가의 수필을 "깊은 신앙을 바탕으로 한 숭고한 사랑의 대서사시"라 평하고 싶다.

이토록 아름다운 수필집을 출판할 수 있어 책을 정리하고 교정하는 동안 행복했다. 두 분의 결혼 50주년을 진심으로 축하드리며, "내 사랑은 지금부터다."라는 민서현 선생님의 말씀처럼 하늘이 두 사람을 갈라놓을 때까지 아름다운 사랑을 이어가시길 빈다. 수필집 발간을 진심으로 축하드린다.

CONTENTS

부부 이야기

영원한 나의 닉네임 '콩새'의 유래 18
56년 전에 쓴 편지 21
당신께 23
나는 그에게 영원한 여자이고 싶다 37
첫눈 내리는 창가에서 39
나의 사람아, 나의 사랑아 44
남편의 팔베개 49
슈퍼우먼 53
빨치산 55
내 영혼의 깊은 데서 60
거짓말 같은 50대 62
가을밤과 시 64
멱살 잡힌 내 남편 66
부부싸움 67
산책길 69
남편에게 준 생일선물 74
치매 아내와 홈커밍대회 78
내 보따리 내놔 80
으악! 이게 무슨 시추에이션? 82
짝사랑 첫사랑 83
50년 된 골동품 85
이 여자가 사는 법 86
어떤 개인 날 88
나이아가라폭포의 에피소드 89
여기다 갈겨? 91
남편의 주치의는 내 남편 92

가족 이야기

걸레를 든 마릴린먼로 96
석아, 나는 너를 사랑한다 98
텔레비전 VS 바둑판 101
큰아들을 입대시킨 후 103
큰손자의 편지 105
그 애가 아니라 애아버지요 106
사위에게 보낸 37년 전 장모님 편지 109
별난 할머니의 손자 사랑법 112
네 자매 113
대한민국 육군 장병의 모친 115
할머니 생각 117
콩새가 토낀 집 122
아들 생일 날 123
우리 마을 이야기 125
사기충천한 할아버지 127
세상을 바꾸는 국모의 노래 129
우리 집 설날 풍경 131
아버지와 아들 133
세모에 찾아온 손님 134
사고치고 떠난 모녀 135
내 이름 민서현 139
친정아버지 기일 아침에 141
재앙을 축복으로 146
새 시대의 현장을 지켜보며 148

3부 자연 이야기

하루살이 152
선무당 농사꾼의 비하인드스토리 154
내 생에 잊을 수 없는 어느 봄날 156
씨감자 심은 뜻은? 162
승리의 팡파르 163
북 치고 장구 치고 165
과외공부 167
아듀 히말라야시다 168
립스틱 짙게 바르고 170
호박죽을 저으면서 171
한여름 끝자락의 삽화 172
엎어진 김에 키스를 174
남한산성에서 177
오늘은 김장김치 하는 날 179
봄날 중의 봄날 181
자작나무 182

믿음 이야기

우리는 성령 안에서 하나 184
나는 하나님께 빚을 졌습니다 · 1 186
나는 하나님께 빚을 졌습니다 · 2 191
나는 하나님께 빚을 졌습니다 · 3 194
내 생활의 원동력 '늘샘' 198
여행은 노래와 섬김을 싣고 201
담배 203
요술램프 204
선한 이웃 206
시그마와 샤넬 208
복숭아꽃 사과꽃 명자나무꽃 211
아름다운 사람들 212
오 신실하진 주 214
우 권사 힘내요 215
꿈꿀 자유 218
예수가 없는 예배당들 220
신사와 종달새 223
좋은 지도자 이정익 목사님 224
오늘 새벽 네 자매의 카톡 226
황혼에 부르는 노래 228
우리 아줌마 229

예술 이야기

아카시아 군무 232
가창촌 오프닝에서 생긴 일 235
댄스의 원조 237
MBN 다큐멘터리 주인공 239
내가 초대한 손님 241
가수 리애가 만들어준 점심 243
cecil님의 '100회 기념 초청음악회'에 다녀와서 245
세계 초연 247
물 위에 쓰는 편지 248
호떡집에 불난 집 251
쑥덕 쑥덕 쑥덕 253
그대의 은발 254
양하영 콘서트에서 부른 「물 위에 쓰는 편지」 257
아모레 선생님의 인기 258
콩새의 비행 259
백악관 나들이 온 김성희 작곡가 260
나목의 사랑 262
5월의 어느 멋진 날에 264
레드 카펫 266
장우익 시인님의 쾌유를 빌며 270
숙명여대동문합창단의 이태리 연주여행 271
나의 버킷리스트 274
임청하 교수와 한나절 276
비익조 사랑 278
할머니가 된 것을 축하하며 280

30년 만의 여고 동창회 284
축가다운 축가 286
여왕장미의 추억 288
잊을 수 없는 선생님 294
고은하 시인과의 만남 296
아직도 열렬히 사랑합니까? 299
함기선 총장님 이야기 301
부행장님의 감성 304
내 친구들 305
이 시대의 희귀종 307
타고 가시겠어요? 308
꽃동네 새동네 309
변우식 선생님과의 인연 311
피그말리온의 힘 312
90세에 노래하는 청년 조규성 선생님 314
친구여 안녕 316
50년만의 해후 321
고 강영우 박사의 아내 석은옥 씨와 322
꽃을 피우는 사람들 324
오늘은 결혼 50주년일 326

1부

부부 이야기

영원한 나의 닉네임 '공새'의 유래

내가 초등학교 2학년 여름방학 시절, 중학생 오빠와 산수공부를 함께 했습니다. 한 문제를 가지고 오빠는 여러 번을 가르쳐 주었는데도 저는 수학 머리가 워낙 없었거든요? 이해가 되지 않았습니다.

"야, 너는 도대체 몇 번을 가르쳐 줘야 알아듣겠냐? 응? 지금이 벌써 몇 번 째야, 몇 번 째?"

수재 소리를 듣고 사는 오빠가 있는 신경질을 다 부리니까 겁 많고 우직했던 어린 저는 커다란 두 눈을 껌벅대면서 '세에 번…….' 이렇게 말했지요

"뭐? 세 번? 세에 번? 아이구……. 저게 내 동생이라구……."

하도 짜증이 나서 혼자 소리치는 오빠한테 지금까지 모두 세 번을 가르쳐 주었다고 곧이곧대로 말했다는 거 아닙니까?

초등학교 입학식 날!

"유치원 다닌 사람 손들엇!"

처음 보는 남자 선생님이 이렇게 말씀했지요. 그 시절만 해도 유치원 다닌 아이들이 많지 않을 때라서 아무도 손을 드는 애들이 없었습니다.

"유치원 다닌 사람 없냣?"

얼굴색이 불그레하고 눈꼬리가 치켜 올라간 무섭게 생긴 선생님

이 다시 한 번 큰소리로 말씀하시기에 저는 깜짝 놀라 번쩍 두 손을 들었습니다. 총부리 앞에 선 도둑의 형국, 양 팔을 다 들었다구요.

1.4후퇴 때 서울에서 대전으로 우리식구들은 피난을 왔는데, 엄마가 다다미방을 온돌방으로 고쳤습니다. 새로 꾸민 건넛방에 잔뜩 기대를 한 엄마가 저에게 그 방이 얼마나 따뜻하게 잘 고쳐졌는지 좀 만져보고 오라고 했습니다. 건넛방에 깔아놓은 이불 밑으로 손을 집어 넣어보니 그저 미지근하기만 했어요. 그래서 저는 안방에 계신 엄마를 향해 크게 소리 쳤지요.

"엄마아 ,이제 겨우 온기만 가셨어요."

4학년이 되어 우리나라 지도를 배울 때까지도 저는 우리 집에서 가까왔던 북악산이 "동해물과 백두산이 마르고 닳도록"의 그 백두산인줄만 알고 마냥 자랑하고 다녔답니다. '큰 나무도 많고……, 둥근 탑도 있고……, 예쁜 새들도 많더라…….' 어린 제가 마음대로 재잘거리면 저를 둘러싸고 있던 동무들은 연방 고개를 끄덕이며 저를 부러워했지요.

아……, 참! 제일 중요한 사건을 빠트릴 뻔 했네요 .다섯 살 때 일 말입니다. 이모가 시집을

갔어요. 당연히 들러리는 제 몫이었죠. 단발머리에 앞머리만 곱슬곱슬 파마를 하고 예쁜 새 원피스를 차려 입고 꽃종이를 뿌리며 입장까진 잘 했는데, 한참 결혼식을 하다 말고 갑자기 뒤로 돌아서라는 것입니다 .망설이다가 뒤돌아서 보니까 내 눈 앞에는 수많은 사람들의 까만 눈동자들이 꽉 들어차 있었습니다. 어휴우……, 무서워……. 저는 내빈석의 엄마를 향해 냅다 소리 쳤지요.

"엄마아. 나, 똥 마려……."

"너는 저 목척다리 밑에서 주워 왔다. 저기 저 코맹맹이 엿장수가 바로 네 아버지야……." 외할머니는 이따금 저를 앞에 놓고 이렇게 놀리셨습니다. "엿 사려……." 쩔렁거리는 가위소리와 코맹맹이 목소리가 혼성되어 들려오는 한낮이 되면 저는 큰 신작로가로 살짝 빠져 나가서 땟국물이 쪼르르한 한복 입은 팔자 걸음걸이 사내를 먼발치서 훔쳐보았지요. 그리고 심각하게 내 인생을 고민했어요.

그래서 붙여진 별명이 콩새! 아주 순하고 맹한 새래요.

세월이 흘러가면서 어릴 적의 제 별명은 잊혀지고 저는 지금 꿈 많은 여고생입니다. 요즘은 깍쟁이 소리도 제법 듣긴 하지만, 이상하게도 저는 그 바보 같던 어린 시절이 더 맘에 들어요. 그래서 저는 제 가슴 속 깊은 곳에 아무도 몰래 콩새 한 마리를 품고 삽니다. 그리곤 이따금 꺼내들고 쓰다듬지요. 그리고 앞으로도 손해 보지 않을 만큼의 어리숙함을 지니고 영원한 콩새로 살고 싶어요.

- 대전여고 교지 《구조(九鳥)》 1961년. 7호.

56년 전에 쓴 편지

56년 전 어느 가을날, 나는 숙명여대 교정에 나와 앉아 고향의 부모님께 다음과 같은 편지를 써 보냈다.

"엄마, 일요일이 싫다던 나 때문에 엄마 아버지를 무척 근심시켜 드렸지만 이제는 오히려 혼자만의 시간을 가질 수 있는 일요일을 기다리게 되었어요. 홍조 띤 얼굴로 일요일 하루를 즐기고 돌아오는 그네들은 흔히 '엔조이'라는 말을 많이 씁니다.

담배 연기 뽀오얀 다방 안에서, 만원 극장 안에서, 연인이라고 혹은 '보이프랜드'라고 불리는 남성과 마주앉아 시간을 보내는 게 그들의 '엔조이'라면 한 골수 붓끝에 정성을 모아 그리는 묵화에서 저는 '엔조이'라는 어휘를 찾습니다. 그들과 다른 방식의 '엔조이'를 하고 있는 셈이죠.

더 오랫동안을 나만의 나인 채로 지내다가 정말로 날 사랑해줄 진정한 사람이 나서면 그땐 수련된 내 묵화 솜씨로 쭉 곧은 대나무를 그려 보인 후 때 묻지 않은 내 마음을 그 한 분에게만 드릴거에요.

그날을 위하여 전 충실한 하루하루를 엮어 나갈 것입니다.

방금 낙엽이 편지지 위로 떨어졌어요. 금방 떨어진 잎이라 모양에 구김이 없고 잎줄기가 선명한 게 참 으로 아름답네요.

"가까이 오라. 우리도 언젠가는 가련한 낙엽이리라."

구르몽이 읊은 대로 한 번은 영원히 떠나야 하는 인간이기에 생의 그 마지막 날까진 보람 있고 알차게 살아야겠죠.

떨어진 잎을 머리핀에 세워 꽂고 오늘의 남은 시간을 어떻게 보낼까 생각합니다.

- 1964. 10. 25. 당신의 딸 서현이가.

당신께

당신과 나는 1966년 9일 27일 숙명여자대학교 음관기숙사 현관 앞에서 처음 만났습니다. 당시 음악대학 학생회장이었던 나는 신촌에서 갑자공민학교를 운영하고 있다는 당신의 자기소개를 받았습니다. 솔직하게 말해서 저는 당신의 첫인상에 그리 호감을 느끼지 못했었지요. 단지 당신이 뜻있는 남녀 대학생들이 모여 불우청소년들에게 중학교 과정을 가르치는 갑자공민학교 교장이라기에 다시 한 번 당신의 얼굴을 건너다보았을 뿐입니다. 당신은 저에게 협조를 구하러 찾아왔었습니다. 갑자공민학교 운영기금을 조달하는 방법의 하나로 서울시내 6개 음악대학 학생회장 주선 하에 자선음악회를 열어달라는 것이 당신의 용무였지요.

자신의 주머니를 털어서 불우학생들의 학용품까지 마련해주는 젊은이들에게 이미 감동하고 있었지만 나는 학생회 임원들과 상의해 보겠노라며 시큰둥하게 대답했습니다.

두세 번인가를 더 만나고 그해 10월 28일 오후 7시 YWCA 대강당에서 '자선음악의 밤'이 열렸습니다. "서울시 6개 음악대학 학생회 주최, 갑자공민학교를 위한 자선음악회!" 그날 가슴에 꽃을 달고 맨 앞자리에 앉아있는 당신을 찾아가 격려의 악수를 청했을 때 내 손을 맞잡은 당신의 손힘이 어찌나 억세든지 하마터면 소리 지를 뻔했습니다. 6개 음악대학 학생들의 경연대회인 양 음악회는 치열

했고 박순천 의원의 격려사는 그날 밤을 더욱 뜻깊게 마무리해 주었습니다. 대서특필되어 나온 이튿날의 신문기사, 또 MBC 문화방송도 <절망은 없다>란 다큐멘터리 시간에 갑자공민학교의 내력을 극화하여 방송을 내보냈습니다. 그러나 사무가 일단락된 당신과 나 사이는 서로 연락이 없었지요.

음악회가 끝나고 며칠 후인 11월 1일부터 바로 나는 직장에 나가기 시작했습니다. 그리고 그 이듬해 2월에 대학을 졸업하고, 직장을 바꾸었지요. 그런 후 얼마 안 되어 퇴근길의 버스 정류장에서 우연히 당신을 만났습니다.

"아, 민서현 씨. 오랜만입니다."

당신의 큰 목소리는 그날도 여전하더군요. 아니 오히려 더 컸습니다.

"차 한 잔 대접하고 싶은데 주머니에 돈이 없어서……."

정말이었는지 거짓이었는지 당신은 그렇게 말했고, 그래서 당신은 처음부터 내가 산 커피를 마셨습니다. 갑자공민학교는 자선음악

회 수익금 등으로 한때 평탄한 운영을 하기도 했지만, 역시 돈 없는 대학생들만의 힘으로는 감당키 어려워 신문사 기자로 취직했노라고 당신은 말했지요. 그리고 어느 틈에 박순천 씨와 둘이서 사진을 찍었느냐며 그 사진을 보관하고 있다고도 말했습니다.

운명의 사진! 당신이 그 사진을 주겠다고 하며 이튿날 만날 약속을 했습니다. 알파 찻집에서 만나기로 한 날 생전 결근 한 번 않던 내가 갑자기 몸이 아픈 바람에 결근은 물론이고 당신에게도 본의 아니게 바람을 맞혔습니다. 당신과는 이렇게 처음부터 순조롭지가 못했습니다.

구! 그러나 그날부터 당신은 당신이 한 사람의 남성임을 내게 설득시키려 했습니다. 당신은 교장선생님이라고 깎듯이 호칭하는 내 예의바름이 더없이 못마땅한 눈치였지요. 그러던 어느 날 당신은 회현동 내 사무실로 전화를 해 용건이 있다면서 만나주기를 원했습니다. 무슨 큰일이나 생긴 것처럼 서두르는 당신 목소리에 황급히 찻집 알파로 내려간 나, 갑자기학교의 음악선생이 별안간 그만두게 되어 음악담당자가 없으니 음악과목을 좀 맡아달라는 게 당신의 얘기였습니다. 다급했던 목소리에 비하면 너무나 황당하고 어처구니 없는 내용이었지만 음악인 내 전공과는 무관한 직장 생활에 권태를 느끼고 있던 터라 무턱대고 승낙했습니다. 아니, 일주일에 두 번씩 나가서 청소년들의 음악과목을 담당한다는 새로운 기대감에 가슴마저 부풀었습니다. 그런데 나는 욕심이 지나쳤었지요. 무보수 서비스는 있을 수 없다며 그 대신 나는 당신에게 영어회화를 배우겠노라고 했습니다. 아, 그때 당신은 얼마나 큰 쾌재를 불렀을까…….

국민대학교 도서실에서 영어회화를 시작한 당신과 나! 퇴근 후 당신은 엄한 나의 스승이었고 나는 의욕 많은 생도였습니다. 여러 사람들과 나란히 교실 안에서도 못하고 복도의 창가에서 단둘이만 앉아서 공부해야 했던 건 떠들며 해야 하는 회화의 특성 때문이었지요. 창가에서의 스승님은 날이 갈수록 점점 이상해졌습니다. 예문을 드는 짤막한 문장이 의미심장해지고 안경 너머로 순한 눈매가 번쩍 내 눈 속을 쏘아 들어오는가 하면 혼자 가겠다는 나에게 숙녀를 집 앞까지 바래다주는 것은 예의라고 고집했습니다. 연하게 비쳐오는 한 남성의 감정쯤은 모르는 척 묵살하고 내 속셈만 챙기면 그뿐이라는 처음의 생각에서 나는 조금씩 자신을 잃어갔습니다. 처녀 생도는 며칠을 고민하다가 그만 자진 퇴학을 선고하고 스승 만나기를 거부했습니다. 그러나 이것은 오히려 당신이 저에게 프러포즈하는 시간만 앞당기는 결과를 초래했지요.

칼 스카이라운지에서 당신은 아주 서툴게도 사랑을 고백했습니다. 샹들리에 불빛에 비치던 당신의 그때 모습을 저는 지금도 선명하게 기억합니다. 그러나 나는 고개를 저었습니다. 나는 형식과 내용이 틀림없는 신랑감을 한 번에 골라야 할 혼기가 꽉 찬 처녀였습니다. 꿈 많은 처녀가 미래를 함께할 남자를 고를 때는 나름대로의 기준이 있어야 했고 당신은 그에 도달하지 못하는 몇 가지 이유를 지니고 있었기 때문입니다. 딱지를 맞은 당신은 얼마나 천연덕스러웠는지요. 그리고는 오히려 그 전보다 더 뻔뻔스럽고 자신 있게 돌격해 왔습니다. 전화로, 편지로, 내 사무실로, 직장 수위실 앞까지……. 어쩌자고 당신은 우리 집 앞 버스정류장에까지 출두했는지……. 그래도 나는 그 아침의 난리가 가장 인상에 남아요.

평소보다 조금 늦었던 터라 허둥지둥 버스를 타러 나왔는데 아, 글쎄 그렇게도 지겨운 그 남자가 저만치에 떡 버티고 서서 뛰어오는 나를 향하고 있지 않겠습니까? 기가 막히고 가슴은 철렁 내려앉았지만 내색 없이 잽싸게 버스에 올라탔지요. 그러자 그 남자도 유유히 그 차에 몸을 실었습니다. 마침 운전석 옆의 앞자리가 비어 있어 나는 복잡한 좌석버스의 통로에 서 있는 당신의 눈을 잠깐은 피할 수 있었지만 그건 그 안에서의 잠시뿐, 시경 앞에서 뛰어내린 나는 당신의 추격에 하이힐 뒷굽소리도 요란스럽게 달려야 했습니다. 한참을 뛰다가 뒤를 보면 어느 틈에 당신은 바로 내 뒤에 붙어있고, 깜짝 놀라서 다시 뛰다가 보면 당신은 또 내 곁에 바짝 다가와 여유 있게 웃고 있습니다.

너무 기막혀 한참을 정신없이 뛰고 있는데 바로 뒤에서 "더 뛰쇼, 더 뛰쇼"하는 당신의 음성이 들려 왔습니다. 나는 도저히 웃음을 참을 수 없이 그냥 웃으며 내달렸지요. 그러나 마침내 나는 충무로 입구에서 당신한데 체포되는 몸이 되었고, 신호등에 걸려 있던 러시아워의 숫한 차량들에게 좋은 구경거리가 되고 말았습니다. 분통이 터진 나는 팔짝팔짝 뛰다가 말쑥하게 빼아 입은 신사복에 내 생애 최대의 경멸을 뱉어주었지만 며칠 후 마포 강둑에 당신과 나란히 앉을 수밖에 없었습니다. 강물에 비친 시가지의 불빛은 오색영롱한 꿈 빛깔이었습니다. 하지만 철로 가에서 당신과 헤어길 때는 있는 힘을 다하여 당신 뺨을 갈겼었지요.

구! 그 후 당신은 정말 내 앞에서 사라졌습니다. 그러나 형체만 보이지 않았을 뿐, 5전짜리 우표 14장을 붙인 야단스런 겉봉투 안에 구구절절한 연가가 적힌 편지를 매일 내 책상으로 날려 보냈습니다. 시원스럽긴 하지만 악필임엔 틀림없는 당신의 글 속에선 진실이 뚝뚝 넘쳤는데도 어찌하여 나는 그리도 건성이었을까요. 소리쳐도 메아리 없는 산울림에 끈질긴 당신도 마침내 지쳐 떨어졌는지 이윽고 어느 날부터인가 소식이 끊겼습니다. 그러나 단념한 줄만 알았던 당신은 한 달에 한 번 정도 뚱딴지같은 내용의 전화를 걸어와 잊을 만하면 자신의 존재를 재확인시켜 놓곤 했습니다. '아기를 하나 주웠는데 맡아 길러줄 수 없겠느냐?'는 내용의 전화는 정말 어이없고 기가 막힌 얘기였지요.

이런 기간이 꼭 8개월, 집념의 사나이는 또다시 내 앞에 나타났습니다. 해가 바뀌어 1968년이 되고 더위가 시작되던 6월 말경 느닷없이 당신은 내 사무실로 들이닥쳤습니다. 퇴근길의 육교 위에서 우리는 옛날의 실랑이를 재연했습니다. 정중한 예의, 신랄한 야유, 그 어떤 것도 통하지 않는다는 걸 이미 알고 있는 터라 당신의 이끎에 응할 생각은 추호도 없었습니다. 하지만 당신은 옛날과 달랐습니다. 사납게 내 팔을 낚아채고 두 눈을 무섭게 뜨고 호령을 하고, 악을 쓰며 대드는 나에게 '이게 어디다 대고 설교냐?'며 시퍼런 서슬로 힐책하는 등 가뜩이나 겁 많은 내 간을 콩알만 하게 줄여놓았습니다. 파격적인 당신 태도에 모면할 길만 찾던 내 뇌리로 한 꾀가 스쳤습니다. 순한 양으로 돌변하여 가나안 찻집으로 따라 들어갔습니다. 당신은 내가 좋다고 했습니다. 나는 당신한테 아무런 관심도 없다고 말했습니다. 당신은 내가 좋아 죽겠는데 어떻게 해야 되냐고 하소연했습니다. 나는 당신이 조금도 좋아지지 않는데 어떻게 하냐고 말했습니다.

당신은 말했습니다. "나 혼자라도 너를 사랑하게 해달라."고 나는 대답했습니다. "나를 사랑하는 건 당신 자유라고, 다만 내가 피해를 입지 않도록 먼 곳에서 실컷 좋아하라."고 당신에게 반박했습니다. "어찌 사람의 감정이 멀리서 혼자만 좋아할 수 있느냐?"고. 나도 대들었습니다. "그럼 숫제 혼자 좋아하는 것까지도 절대로 허용할 수 없다."고. 얼마나 유치한 싸움입니까?

그래 놓곤 또 아무도 입을 열지 않고 묵묵히 마주앉아있기만 했습니다. 침묵을 깨고 나는 벌떡 일어섰습니다. 당신은 내 어깨를 눌렀습니다. 오늘은 집에 들어갈 생각도 말라나? 당신의 공갈 협박이 내 가슴을 철렁 내려앉게 했지만 "내게 약혼자가 있는 걸 도대체 알고나 있느냐?"고 당초 내 작전대로 새빨간 거짓말을 했습니다. 그러나 당신은 기막히게도 "약혼한 건 나도 알고 있다."고 태연하게 한 술 더 떴습니다.

한 시간이 넘어도 당신과 나의 말 같지도 않은 싸움은 계속되었습니다. 나는 슬며시 오빠에게 전화로 SOS를 쳤습니다. 양복만 입던 오빠가 점퍼차림으로 나타났습니다. 나는 아주 당당하게 오빠를 약혼자라고 소개하며 당신의 표정을 통쾌하게 지켜보았습니다. 하얗게 질리던 당신의 얼굴! 잠시 분위기는 터질 듯이 팽팽한 정적에 휘감겼습니다. 말로만 들어왔던, 죽기 살기로 여동생을 따라다닌다는 놈팡이를 말없이 쳐다만 보고 있던 오빠가 이윽고 담배에 불을 붙이며 말을 꺼냈습니다.

"나, 얘 오라비요."

"어머머?"

나는 너무나 깜짝 놀랐고 반대로 당신 얼굴은 화악 생기가 돌았습니다.

"아, 네에."

나는 그만 모든 것을 오빠에게 떠밀어 붙이고 '걸음아 나 살려라' 줄행랑을 쳤습니다. 그러나 혹을 떼어주러 나왔던 오빠는 그날 밤 그 놈팡이와 더불어 진탕 술을 마시고 사나이의 끈질김에 우선 찬사를 보냈습니다. 그리고 나이 찬 것이 시집갈 생각을 안 해서 큰일이라고도 했습니다. 이리하여 작은 혹은 더욱 크게 불어났고 당신은 내가 감당할 수 없도록 더욱 귀찮게 했습니다. 그때까지의 25년 내 인생을 통틀어서 나는 단 한 번도 이성과의 정식 교제를 가져본 적이 없었습니다. 그것은 지나친 내 결벽성 탓입니다. 교제는 곧 연애요, 연애는 곧 결혼이라는 주관에서 단 한 발자국도 벗어나지 못했던 고정관념은 당신의 구애가 그토록 부담스러웠던 것입니다. 그러나 나는 마침내 마음에 동요를 일으키기 시작했습니다.

결혼 전 한 번쯤 로맨스가 있는 것도 괜찮지 않을까? 이것은 몸에 밴 내 오랫동안의 사고에서 지극히 위태로운 모험이었습니다. 그렇지만 당신의 그 끈질긴 집념은 마침내 철저하게 무장되어 있던 내 안의 성곽을 깨부수는 데 성공하고 만 것입니다.

처음의 데이트! 그것은 녹음이 우거진 남산의 숲길이었습니다. 아, 그런데 비탈길에서 당신은 나를 부축하는 척 하면서 슬며시 한 쪽 손을 잡았습니다. 당신은 지능범입니다. 너무했어요. 손목 한 번 잡아 쥔 딱 한 번의 데이트를 하고 난 직후 당신 가족들 전원 앞에서 결혼할 사람이라고 소개했으니……. 어처구니없이 그 일을 당한 것은 남산 데이트가 있고 나서 며칠이 지난 후인 토요일 오후 산토스에서였습니다. 시원한 것 마시자며 당신은 이곳저곳 가당치도 않은 장소를 추천하더니 "그러면 우리가 한 번 가봤던 산토스에나 올라가자."고 제안했습니다. 더운 날씨에 얼음 띄운 주스 한 잔이 생각나서 별다른 생각 없이 당신을 따라 올라갔던 나는 그만 도깨비에 홀린 것처럼 어벙벙하게 멈춰서고 말았습니다. 당신의 노부모를 비롯한 시집간 두 누나 부부, 사촌 형수, 두 남동생, 또 저켠에는 누나네 회사 직원 몇 명이 정장 차림으로 나를 기다리고 있었던 것입니다.

당신의 아버님은 분을 삭이는 나를 향해 정중히 사과하시고, 일방적인 당신의 행동을 크게 나무라셨습니다. 집안 식구들한테는 당신과 내가 합의를 한 약속으로 말해놓았더군요. 그나저나 나는 본의 아니게 당신 식구 모두에게 선을 보였고 그 후 당신은 더욱 열이 올랐죠. 나는 당신의 지능과 그 놀라운 뱃심, 그리고 진실에 조금씩 끌려가기 시작했습니다. 그러다가 마침내 밀물의 절대감 같은 속도로 쓸려나가 어느새 나는 이만큼이나 밀려와 있었습니다.

그늘 아름다운 태릉의 숲길, 유두날의 한강 뱃놀이, 휴가 떠나는 내 손에 당신은 내 키 두 갑절의 두루마리 편지를 쥐어주었습니다. 그래 놓고도 못 미더워 바로 뒤차로 따라온 당신! 금 빛깔의 광휘로 둘러진 우리 집 뒷산, 그 붉은 노을을 바라보면서 난 막연하나마 '내 미래가 당신과 엮어지지 않을까?' 예감했습니다. 그날 어머니가 지레 겁을 먹고 동학사에 수사진을 의뢰했던 소동은 두고두고 잊지 못할 에피소드입니다.

부산, 통영 등지로 피서를 다녀오는 내가 탄 특급열차가 무려 오십 분을 연착했을 때도 당신은 전혀 지루하지 않는 맑은 얼굴로 나를 맞아주었습니다. 교회당의 차임벨소리를 나란히 서서 듣던 벌판 한가운데나, 늘상 혼자서 걸어갔던 국전 전시장을 향한 경복궁 돌담길을 이제 나는 당신과 나란히 걸었습니다.

어찌 그뿐입니까? 산딸기, 산포도가 갈대숲과 어우러져 바람에 흐느끼던 관악산의 노을 속 길을 잃고 헤매던 우리 앞에 홀연히 어느 소년이 나타나 인도해준 일은 지금도 한 편의 동화처럼 생각됩니다. 내 한없는 바가지를 참아가며 기어코 마스터한 'YMCA의 사교댄스 강습!' 모기 따끔대는 풀숲 위로 호젓이 피신해 간 우리 둘을 모르는 척 눈감아 주었던 갑자공민학교 팀의 행주산성 야유회, 제2한강교 난간에 기대어 강바람에 실려 보내던 당신의 노래「황태자의 첫사랑」은 나를 황홀하게 만들었습니다. 윤태림 총장님께 회갑 선물로 드렸던 아령, 줄넘기, 곤봉은 예상대로 대히트를 쳤고 총장님은 일생 중 가장 인상적인 선물이라고 즐거워하셨지요.

구! 당신은 또한 언젠가의 밤의 숲을 기억할 거예요. 나뭇가지로 스치는 바람소리와 멀리서 들려오는 호루라기소리를 아득하게 의식하면서도, 순교자의 인내 같은 처절한 당신의 절규를 끝내 외면한 내 철저한 보수성…….

'Y 무도회의 밤'에서 타인의 시선을 한 몸에 몽땅 받으며 왈츠를 추던 그 밤! 북악 스카이웨이를 드라이브한 후 열여섯 명의 내 대학친구 그룹에 소개된 당신은 이제 우리 서클의 준회원이었습니다. 정릉 골짜기의 물줄기가 너무 넓어 당신 등에 업혀서 건너던 날도 있었고, 돌부리에 발가락이 채여 아프다고 엄살 피우면 당신은 그 억센 두 팔로 나를 번쩍 안고 걸었습니다.

그리고 구! '첫눈 내리는 창가'에서 나눈 당신과의 대화는 내가 수필로 활자화시켰고, 그 원고료는 우리들의 맥주파티 자금으로 날렸으며 남은 돈을 가지고는 거리의 솜사탕을 사먹었지요. 수건 쓴 아낙네들의 가랑잎 긁는 갈퀴소리를 자장가 삼아 인적 드문 잔디밭 위에 손잡고 누워보던 대전대학교의 솔밭도 아련합니다. 드디어 당신이 우리 부모님께 사위 후보로 등록시켜달라고 청원을 드리러 떠날 때, 나는 대전행 열차 차창에서 당신의 빰에 격려의 뽀뽀를 해주었습니다.

아, 당신은 또한 너무나 착하였습니다. 그 무섭도록 줄기찬 폭우의 밤길을 회상하면 전 지금도 가슴이 메어 와요. 급하게 산 비닐우산마저 억센 비바람에 몽땅 부서져 나갔는데 그것으로나마 당신은 나만을 열심히 가려주었습니다. 천둥과 번개와 미친 듯이 쏟아지는 빗줄기 속에서도 나는 비를 막아주는 당신이 있기에 공주처럼 의연할 수 있었지만 두 팔의 힘줄까지 곤두세우고 눈을 부릅뜬 채 이리저리 우산의 방향을 바꿔 잡는 당신의 모습은 거룩하기까지 했습니다. 당신이나 나나 물에 빠진 생쥐 몰골을 하고 내 자취집 대문 앞까지 겨우 도착했을 때 나는 미친 듯한 그 밤거리로 당신을 그냥 돌려보냈습니다. 박쥐우산만도 두서너 개가 있었고 수시로 산 비닐우산이 집안에 겹겹이 쌓여 있었는데도 안주인의 시선이나 동네 사람들의 수군거림이 두려워 나는 모르는 사람의 혜택을 잠시 입은 척하고 재빨리 들어와 얼른 대문을 잠갔습니다. 완전히 찢어진 비닐우산에 덜렁덜렁 부러져 매달린 우산살 속에 머리를 넣고 가는 초라한 당신의 뒷모습이 자리에 누워서도 선연히 떠올랐지만, 당신이 당신 집 대문 안에 들어설 무렵쯤엔 나는 곤한 잠에 떨어지고 있었습니다.

이러한 내 소극적인 태도를 당신은 전혀 개의치 않는 대신 동네가 고요히 잠든 한밤중에 내방 창 밑에 다가와선 “창문을 열어 다오. 내 그리운 마리아.”하며 ‘마리아 마리’를 외쳐 불렀습니다. 기겁을 하고 몇 번을 뛰쳐나가던 나는 어느 사이 점차 소심에서 벗어나 있었습니다.

우리 사이엔 참으로 많은 이야깃거리가 생겨났어요. 진짜 맛있는 순두부를 먹겠노라며 영등포 골목골목을 누비고 다니질 않았나, OB캐빈에서 식사를 마치고 나오다가 기분으로 산 '시가'를 피우다가 단속 형사한테 붙잡혀 가질 않았나……. 하필이면 그날은 명동에서 당신이 고무로 된 장난감 꽃사슴을 사주셨을 때입니다. 직업이 신문기자였던 덕분에 당신은 그 자리에서 풀려나왔지만 형사실에 난생 처음 들어가 본 나는 꽃사슴을 껴안고 새파랗게 질려있었답니다.

낙엽의 비원에서 벌어진 우리 둘만의 해프닝, 기억나시죠? 덕수궁 벤치에 나란히 앉아 멀리서 아련하게 흘러오던 '희미한 옛사랑의 그림자'를 귀 기울여 듣던 날……, 꽃자줏빛 치마저고리에 당신 부모님의 선물인 폭신한 숄을 둘러보던 크리스마스이브, 타오르는 케이크 촛불 건너편으로 보이던 그윽한 당신의 모습은 참으로 아름다웠습니다. 폭설 후 얼어붙은 소공동 미끄러운 얼음길 위로 엉덩방아를 찧었고, 장난삼아 육교 끄트머리에서의 토정비결을 보았지요. 간밤에 밭갈이를 했느냐는 질문을 받을 수밖에 없었던 염리동의 그 진흙탕길. 우리는 참으로 바빴군요.

구! 당신이 구해다준 아카시아 꿀 한 통을 다 먹어서가 아니라 어느 사이 내 여위었던 두 뺨에 복사꽃빛 화색이 피어날 무렵, 나는 우정과 애정, 존경과 연민, 관념적인 사랑과 진정한 사랑의 색채를 구별할 줄 알게 되었습니다. 그러나 어찌 나이 찬 처녀의 마음이 철부지 소녀의 그것처럼 단순할 수만 있었겠습니까? 서강대학교 비탈길에서 나는 당신한테 엄중한 항의를 했습니다. 안국동 어느 찻집에 앉아 한없이 울기도 했구요. 한강 백사장에서 '아듀'를 선언한 후 뒤돌아서기도 했으며, 비 그친 축축한 밤에 텅 빈 광화문 네거리를 홀로 방황하던 자학, 바싹 입술 위까지 끌어올린 오버코트 앞깃에 입김이 성글었던 겨울밤에 나는 당신을 비난했습니다. 그러나 그 사이에도 어느덧 나는 당신한테 손을 잡히는 것이 행복했고 당신의 가슴에서 힘차게 뛰는 고동 소리를 들으며 생의 환희를 느끼기도 했습니다.

구! 당신은 어쩌자고 그리 너그럽기만 했습니까? 뭇 남성들의 흠모의 대상이 되는 내 자신은 나 스스로 아무렇지도 않았는데 다른 여성의 짝사랑을 받는 당신은 당신이 죽을죄나 지은 양 내게 고백했으니…….

구! 난 지금도 '사랑하는 나의 구'라고 적을 수가 없습니다. 쑥스러워서인지 아니면 사랑의 두려움 탓인지……, 혹은 모든 것이 불분명한 것인지 그것도 저것도 아니면 아무데나 적용되는 내 이기심 탓인지. 저는 당신한테 별의별 것을 다 요구했습니다. 박식해야 했고 미남이어야 했으며 건강해야 했고, 성직자처럼 수도가 닦여져 있어야 했으며, 재미있게 나를 웃길 줄도 알아야 했습니다. 그러나 당신은 어처구니없이 무식할 때가 있었고 불량배 같을 때가 있었나 하면 대패질하는 빈농의 목수처럼 메마를 때도 있었고 가난한 시인처럼 핼쑥하기도 했습니다.

구! 그러나 나는 알고 있었지요. 박식하고 미남이며 유머러스한 인격자가 되려는 당신의 노력을! 이런 것이 사랑일까? 당신의 이런 모습들에서 어떤 모성적인 미소를 느껴가고 있으니……. 미워지고 싫어지고 도망치고 싶고 다시는 보고 싶지 않을듯하면서도 더 힘껏 당신에게 용기를 주고 싶고, 믿고 싶으며 아끼고 도와주고 싶은 것, 그러면서도 당신의 절대자가 되고 싶은 내 심술…….

구! 나는 늘 당신보다 앞서거나 맞섰습니다. 혹 당신보다 한 층만 낮게 지하도 층계를 밟아도 두 계단을 한꺼번에 뛰어오르는 욕심쟁이였지요. 그러나 이것은 잘못된 것일 겁니다. 우리는 언제나 어깨가 나란해야 모양새가 좋지 않을까요? 설령 누가 앞장서야 한다면 그것은 응당 당신이어야 할 터이고 저는 부지런히 뒤를 좇아 당신과 더불어갈 것입니다.

구! 나는 당신의 이끎에 불만이 없으면 좋겠어요. 그러나 나는 아직도 심한 투정 중에 있습니다. 당신의 전부를 무조건 받아들일 수 있도록 만들어주어요. 꽃샘이 터지는 환희와 같이, 무지개여울 번지는 은밀함과도 같이, 또 아릿하고 짜릿한, 여물어가는 상처 부위의 아픔과도 같이, 우리는 찬란하고도 은은한 젊음을 엮었습니다. 사람의 영원한 재산, 그리고 그 최후의 것은 그 사람의 인간성임을 터득케 해주시고 넉넉한 당신의 품성으로 인하여 내 좁은 소견이 다소 풀어졌다면 당신을 사랑하게 되었다는 증거인지요.

구! 오늘은 당신의 생일, 넥타이도 아닌, 손수건이나 도장 따위도 아닌, 이 한 편의 긴 편지로써 내 마음을 전합니다.

– 1969년 3월 12일. 서현 드림.

나는 그에게 영원한 여자이고 싶다

연애시절 그에게선 향긋한 스킨로션 냄새가 났었다. 옷매무새도 언제나 단정하고 핸섬했다. 그런데 결혼 후 언제부터인지 슬슬 세수하는 것을 게을리 하더니 급기야 요즈음은 일주일에 두 번 가는 사우나로 세수를 때우는 것이었다.

"부부 사이라도 서로 최소한의 예의는 지켜야 하는 거 아녜요?"

아침저녁으로 샤워를 하지 않고는 도저히 못 견디는 나는 바가지를 긁다긁다 마침내 정식으로 따졌다.

"이론과 실제를 한 몸에 모두 겸비한 사람은 아마 없을 거야. 소크라테스 마누라가 오죽하면 물 양동이를 남편한테 쏟아부었겠누."

엉뚱하게도 그이는 소크라테스를 들먹이며 슬그머니 자신을 성현의 위치로 올려놓는다. 기가 막혀 웃을 수밖에……. 말끔하게 면도하고 양복을 차려입은 남편은 황홀하다.

"아, 이렇게 멋진 남자가 허구한 날 왜 그렇게 살아요? 원, 세수만 해도 이렇게 사람이 달라지는데……."

나는 외출하는 남편 모습이 대견하다 못해 반갑기까지 한, 씻지 않는 남편을 가진 그 아내다.

"남한테는 잘 보이고 싶고 정작 함께 사는 아내한테는 함부로 보여도 된다는 얘기인데……."

나는 정말로 서운하고 괘씸하여 말끝마저 흐려진다.

남편의 세수하지 않는 게으름에 대한 변명은 이렇다. 당신은 내게 편하니까. 그리고 우리 집이니까.

"그럼 나도 당신이 편하니까 매일 세수도 않고 산발한 채 살아볼까?"

씻지 않고도 며칠씩 살 수 있는 털털한 남편 덕분에 어느 사이 나도 서랍 정리도 안하고 옷가지들이 방바닥에 흐트러져 있어도 그리 눈에 거슬리지 않게 되었다. 그러나 편안한 그의 아내는 이따금 서글퍼진다.

"사랑이란 한 아름다운 아가씨를 만나서 그녀가 대구처럼 생겼다는 것을 발견하기까지의 즐거운 막간이다."

저 유명한 '베리모어'의 명구(名句)!

그이의 내게 대한 즐거운 막간은 이제 영영 끝난 것인가? 나는 내 남편의 편안한 아내이기도 하지만 그의 하나밖에 없는 영원한 '여자'이고 싶다. 또한 편안한 나의 남편은 영원한 나의 하나밖에 없는 '남자'이길 바란다.

첫눈 내리는 창가에서

약속 시간 30분이 훨씬 지나서야 나는 신촌의 왕자다방 층계를 올랐다. 첫눈 내리는 토요일의 찻집은 크리스마스 캐럴로 흥건하고, 쌍쌍이 마주앉은 연인들의 눈빛은 한결 더 다정해보인다. 인간미가 풍성해 보이는 육체파 레지가 웃는 눈에 우는 입의 그 못생긴 미소를 던지며 저쪽을 눈짓했다. 모르는 사람들 틈에 끼어 하염없이 기다리고 있던 그가 늦게 나타난 나를 원망하는 대신 얼굴 가득 환한 미소를 띠며 다가왔다. 스카프를 풀면서 나는 스토브 곁 의자 팔걸이에 걸터앉았다. 그가 내 쪽으로 오는 동안 육체파는 밖이 아주 잘 내려다보이는 창가에 우리들 자리를 마련해놓았다.

"왜 그리 우울한 얼굴이야? 안 좋은 일이라도 있었어?"

내 안색을 살피며 그가 먼저 근심스레 말을 걸어왔다.

"안 좋은 일이라니……. 아냐, 아무것도……. 글쎄 저 첫눈이 나를 우울하게 하는가 봐."

창밖으로 시선을 던지면서 나는 그의 얼굴을 외면했다. 어떻게 내 속마음을 그에게 이야기할 수 있는가. 이 허허롭고 참담한 아픔을 표현할 수 있는가.

네가 싫어서가 결코 아닌데 너를 모르던 지난날보다 더 서럽고 고독하다면 너는 이해되겠니? 당신은 몰라, 나도 잘 모르는 내 마음을 당신이 어떻게 알아?

그는 더 이상 물으려 하지 않았다.

"만나지 않은 며칠 동안 많이 여윈 것 같네……. 어젯밤 수면이 부족했던 것 아니에요?"

침전되어 가는 분위기를 더 이상 못견디고 내가 먼저 다소 과장된 억양으로 말했다.

"당신 보고 싶은 생각에……."

그는 입가에 장난기를 담으며 농담처럼 지나치려 했다.

"난 말야, 잠이 안 올 땐 언제나 베개 높이를 문제 삼아 '이것이 조금만 높았어도, 아니 1cm만 낮았어도 잠들 수 있을 텐데…….'하며 밤새 베개를 높였다 낮췄다 하며 씨름을 하지……."

징글벨 화음이 멈추고 음악은 팻분의 달짝지근한 화이트 크리스마스로 바뀌고 있었다.

이 남자에겐 다른 사람이 쉽게 가질 수 없는 만만찮은 여유가 있다. 한 여인으로 인하여 잠 못 이루는 밤이라 하여도 베개의 높이를 문제 삼는 넉넉한 뱃심이 있다.

순한 것 같으면서도 실제로는 날카로운 그의 눈매를 조심스럽게 살피다 보니 문득 여유란 무엇인지 묻고 싶어졌다.

"사람의 여유에 대해서 어떻게 생각해요?"

밑도 끝도 없이 불쑥 내지른 듯한 내 질문에 그는 "여유?"하고 반문했다.

"응, 정신적인 여유, 행동의 여유, 경제적인 여유, 가지가지로 여유란 말이 쓰이는데 도대체 이 여유라는 것을 어떻게 정의할 수 있을까?"

국어사전에 나오는 그 매력 없는 풀이를 그가 대답할 리 없기에 나는 두 귀를 쫑긋 세웠다.

"정신적인 여유가 있는 사람은 대개 행동에서도 여유가 있고 또 생활의 여유는 정신적 여유를 낳는다고는 하지만 나는 경제적인 여유가 그 사람의 내적 여유를 형성한다고는 생각하지 않아. 여유는 아마도 그 사람의 천성일 거야."

그에게 질문해놓고도 나는 계속 혼자서 재잘거렸다. 담배 연기를 날리며 아무 소리도 없이 내 얘기만 듣고 있던 그가 이윽고 탁자 위의 재떨이에 담뱃불을 눌러 껐다.

"여유란 영어의 '젠틀(gentle)'과 통한다고 생각해, 그건……."

"아, 젠틀!"

그의 말이 채 끝나기도 전에 나는 손뼉을 치며 외쳤다.

"맞아, 젠틀이었어, 그건 젠틀이야."

내 맘에 쏙 드는 풀이에 나는 가슴마저 벅차올랐다.

창밖의 하늘이 짙은 회색으로 점점 더 가라앉아선지 실내의 온도가 한층 포근하게 느껴졌다. 의자 등받이 깊숙이 자리를 고쳐 앉으며 나는 몇 년 전에 본 이태리 영화 '태양은 외로워'의 한 장면을 생각했다.

증권시장에 자신의 전 재산을 투자한 중년의 남자가 하룻밤 새 알거지로 몰락한다. 증권시장에 모여든 수백 명의 피해자들은 죽음보다 더 처절한 절규를 외치며 통곡과 실신 속에 아수라장이 된다. 그 중에서도 최고의 피해를 입은 한 중년 남자가 그 뚱뚱하고 둔한 몸을 뒤뚱거리면서 아수라장이 된 군중 속을 헤집고 나온다. 그의 걸음새는 여덟팔자였다. 여덟팔 자 걸음은 한산한 가로수 길로 접어들며 생각 없이 그냥 발길 닿는 대로 옮겨간다. 길가 한쪽에서 약국을 발견한 남자, 잠시 주춤했다가 이내 마음먹은 듯 유리문을 밀치고 안으로 들어선다.

"어서 오십시오. 무엇을 드릴까요?"

흰 가운을 걸치고 있는 안경 쓴 약사가 친절하게 묻는다.

"진정제를!"

진정제를 산 사나이는 다시 팔자걸음으로 밖으로 나온다.

건너편으로 찻집의 간판이 보인다. 신작로를 가로질러 길을 건넌 그 사내는 찻집으로 들어가 차 한 잔을 마신다.

"물 한 컵 주시겠소?"

그는 주머니 안에서 조금 전에 산 진정제를 꺼내 입안에 털어넣고 나서 만년필을 꺼내어 약을 쌌던 얇은 사각 종이에 무엇인가를 끄적거린다.

카메라는 그 사람의 진지한 얼굴을 차근차근 클로즈업해오다가 만년필을 잡은 오동통한 손끝에서 한참을 머무른다.

거기에는 한 송이의 아름다운 꽃이 피어나고 있었다.

그때의 짜릿한 감동! '아!' 나도 모르게 흘러나온 탄성은 그 영화를 영원히 잊을 수 없게 했고 내가 만난 지금까지의 그 숱한 사람들 중 가장 멋진 남자로 기억하게 했다. 그의 여유는 멋이기도 했다. 땅을 치고 발버둥치는 다른 피해자들이 더 인간적이고 더 솔직한 게 아니냐고 혹자는 반박할 수도 있겠지만 그것은 본능적이고 원초적인 인간의 모습이요. 꽃을 그리는 사람은 그 자연석에서 뽑아내어 여과시킨 다이아몬드인 것이다.

"우리 걸을까?"

의자 등받이에 깊숙이 기대앉아 생각에 잠겨 있는 나를 향해 그가 조용히 말했다.

"으응."

나는 짧게 대답하며 미소를 보냈다.

첫눈 내리는 창가에서…….

나의 사람아, 나의 사랑아

산과 산들이 맞닿아 산맥을 이룬 곳, 태백산맥! 큰 허리를 돌아 동해시에 이르니 탁 트인 바다내음이 움츠렸던 가슴을 펴게 하는구려. 땅이 오그라들면 사람들의 삶 또한 주름이 잡히는가. 정선에서 임계에 이르는 길목마다 완행버스를 오르내리는 사람들의 표정, 이 곳 산들만큼이나 깊은 골이 잡힌 듯싶소. 이 척박한 땅에서 꿋꿋이 살아가는 저들의 삶은 이 땅의 억새풀, 또는 신작로에서 짓밟히면서도 질기게 살아가는 질경이의 생명력을 배운 것인지…….

우리의 삶이 힘들다고 투정하던 일들이 얼마나 호사스러웠는지 반성하게 되오. 동해시 바닷가의 바람 소리와 벗하며 한밤을 보낼까 하다 발길을 돌려 쌍용시멘트 공장이 있는 용주골 무릉계곡으로 향했소, 도연명의 꿈속의 이상향이었던 무릉도원과 견줄 만하다고 해서 붙여진 이름, 이 계곡의 장엄한 경관이 철 지난 명소를 찾는 이의 마음을 숙연케 하오. 그래서 이곳을 국민관광지 제1호로 손꼽았는가! 계곡 입구에 세워 놓은 이곳의 서툰 안내용 팻말이 오히려 이 땅의 기품과 자태를 욕되게 할 뿐이오.

한밤, 여관 창으로 비쳐드는 가로등의 불빛이 잠을 못 이루게 하여 밤길을 걸었소, 사람들이 밝혀 놓은 불빛을 피해 산속을 걸었소. 밤새 소리조차 잠들어버린 계곡엔 물소리, 바람소리만이 강산의 살아 있음을 말하고 있구려. 만월이 아닌 달은 여운이 있어 더욱 좋고

이 봉우리 저 봉우리의 실루엣은 가히 환상적이구려. 이 찬란한 광휘가, 이 자연의 웅대함이야말로 하나님의 작품이 아닌가, 이런 신비로움이 하나님의 세계가 아닌가 하오. 어머니의 품속 같은 자연의 넉넉함, 이 큰 평화와 인자하심을 어느 시인, 어느 화가가 다 표현할 수 있으리오. 광대함과 엄청난 힘을 가졌으면서도 자연은 인간이 저지르는 오염과 파괴를 조용히 인내하고 있구려. 젖 빠는 어린애가 젖꼭지를 깨물어 상처를 내도 엄마는 다시 다른 젖꼭지를 물리듯이 자연은 늘 한없는 은혜를 베풀기만 하는구려.

이틀 동안의 강행군에 피로가 쌓였는데도 불구하고 이렇게 늦은 시간에 삶의 환희를 느끼는 것은 또 무슨 이유겠소. 자연은 역시 자기를 알아주고 사랑하는 이에게 삶의 에너지를 선물하는가 보오.

나의 여인, 나의 사랑!

지금쯤 당신은 하루의 고된 노동으로 피곤해진 몸을 누이고 깊은 잠에 취해 있겠지. 미안하오.

삶의 권태와 질고로부터 나를 잠시나마 해방시켜주기 위해 당신이 오늘 하루도 수고했구려. 참으로 힘들던 시절, 당신은 지치고 상처받아 신음하던 나를 신학교에 보내 피신시켜주었소. 그 참담하고 아팠던 계절에 심약한 몸을 던져 나를 보호하고 모진 매와 서러움을 대신했으니…….

우리는 연애시절부터 지금까지 사랑한다는 말을 입 밖으로 낸 적이 없었던 것 같소. 코쟁이들은 그렇게도 흔하게 떠들어대는 말이지만 내 생리엔 전혀 어울리지 않아 쉽게 입 밖으로 나오지 않았소. 아니, 오히려 우리에겐 그런 말을 할 필요가 없었던 듯하오. 우리는 이미 서로를 깊이 신뢰하고 있어 언어가 필요하지 않았던 거요.

벌써 23년……. 참으로 긴 세월이었소. 그러나 내겐 마치 타임머신을 탄 것처럼 그때의 일들이 눈에 선하구려. 우리의 신혼여행은 배낭을 짊어진 채였었소, 당시로서는 가히 파격적이었지. 속리산으로 가는 고속버스 안에서 승객들은 우리가 신혼여행 길임을 눈치채고 노래를 시켰었지. 버스 안에서 불러 제낀 『황태자의 첫사랑』 중 「축배의 노래」!

나의 사랑, 나의 여인아.

당신은 정말 솔로몬의 연가에 나오는 여인들보다 훨씬 더 아름답고 슬기롭구려. 사막의 촌놈들이 좋아하던 여자들이 어찌 이 금수강산의 여인들, 그 중에서도 빼어난 당신에 비교될 수 있겠소.

'여보', 나는 결혼 첫날부터 당신을 이렇게 불렀지. 아주 자연스럽고 또 조금은 뻔뻔스럽게……. 아니, 그보다 훨씬 전 연애시절부터 그랬었잖아. 덕분에 나는 당신에게 따귀를 얻어맞는 수모를 당하기는 했지만……. 그리고 지금도 자꾸만 불러보고 싶은 여보……, 여보……. 당신…….

나의 사랑아! 4반세기의 긴 세월을 살아오면서도 당신의 눈빛은 언제나 신뢰와 사랑으로 넘쳐흘렀고, 그 넘치는 사랑의 마음을 표현하기 위해 얼마나 많은 애를 썼는지……. 재색을 겸비한 당신은 나보다 훨씬 더 뛰어난 상대를 만날 수도 있었으련만 어쩌다 모난 돌 같은 놈을 만나 질고의 세월을 보내야 하는지……. 하루의 피로 때문에 곤한 잠에 빠져 있는 당신을 볼 때마다 나는 마치 죄를 지은 것 같은 마음이 되었소. 그러나 당신은 행복의 의미를 알고 행복을 가꿀 줄 아는 천부의 은혜로움을 가진 여인이었소. 그 많은 시련과 아픔 속에서도 향기로움과 아름다움을 잃지 않다니……. 나의 그 많았던 실수와 과오를 탓하지 않고 관용과 이해를 베풀 수 있었던 당신의 성품은 도대체 어디에 숨어있었소?

결혼 답례품으로 수필집을 내자는 당신의 의견은 참으로 무모한 착상이었소. 그때만 해도 이 땅에서는 그런 시도를 한 예가 없었으니 말이오. 그러나 당신은 그 일을 끝내 해냈지.

『창세기』, 참으로 겁도 없는 제호였소. 이제부터 우리들의 삶은 '우리만의 작은 우주(Minor Cosmos)'의 시작이라는 의지의 표현이었지. 그리고 우리는 정녕 새로운 우주를 창조했구려. 세상 사람들의 삶의 목표가 대개 인간적인 욕망의 추구에 머무를 때 우리는 그 이상의 것을 원했소.

'우주', 참으로 어려운 말이오. 얼마나 많은 철학자들과 과학자들이 그 개념을 파악하는 일에 심혈을 기울여 왔소? 서방 사람들은 우주를 공간적인 개념, 즉 물질적인 것으로 파악하는 양 싶소. 그러나 동양의 그것은 훨씬 더 앞선 개념을 갖고 있소,

'사방상하일우 왕고내금일주(四方上下日宇, 往古來今日宙)' 즉 전후좌우, 그리고 위, 아래, 모두 즉 무한의 공간적인 개념(물질)과 태초의 창세로부터 지금까지, 그리고 미래의 영원에 이르는 시간적인 개념을 의미하고 있소. 물질과 시간의 결합은 생명을 낳고 생명은 삶을 의미하고, 삶의 흔적은 바로 역사가 아니겠소. 역사가 있기에 우리는 우리의 자세를 바로잡게 되고 또 그것은 우리의 삶을 올곧게 만드는 동기가 되는 것이오. 당신과 나, 우리 둘의 삶의 궤적은 삶의 흔적을 아름답게 꾸미는 가치관으로 일관되어왔소.

나의 사랑, 나의 여인아! 당신은 또한 슬기로움과 지혜와 인내의 미덕, 그리고 겸손과 봉사의 화신이오. 이 가정의 화목과 봉사를 온

몸을 던져 실현시킨 당신. 하나님은 나에게 참으로 많은 시련을 주셨소. 끝내는 한쪽 눈까지 실명시키시고, 그러나 내가 백 가지, 천 가지 하나님께 불평할 이유가 있어도 당신과 나의 아이들을 내게 주셨기에 나는 그 열 배, 백 배 하나님께 감사한다오.

민서현! 나의 영원한 구원의 여인이여! 평소 사랑의 표시에 인색했던 고집스런 남자의 미련함을 용서하구려. 나는 당신을 진정으로 사랑하오.

- 1993. 11. 1. 무릉계곡에서 당신의 남편이.

남편의 팔베개

"어머니, 어머니는 정말 행복하세요?"

내 팔짱을 끼고 걷던 작은 녀석이 빨간 신호등 앞에서 뜬금없이 물었다. 급작스런 기습에 공연히 당황해진 나는 "야 인마, 그렇게 느닷없이 물으니까 내가 뭐라고 대답해야 옳은지 모르잖아?"하며 우물우물했다.

"전 말예요. 어머니, 요즘 이런 생각을 했어요. 나는 어머니, 아버지 두 분이 이미 쳐 놓은 행복이란 그물에 걸려들어 살아온 게 아닐까 하고……. 또 그러면서 계속적인 자기 암시를 한 것이 아닌가 하고……."

녀석의 진의를 금방 이해할 수 없었던 나는 이번에도 역시 당황스러웠다.

"듣기에 따라서는 엄마, 아빠가 마치 행복하지도 않은 너를 '너는 행복하다'라고 세뇌시켜왔다고도 들리는데? 도대체 네가 말하고자 하는 게 뭐냐?"

따지는 듯한 내 말투에 녀석은 싱글싱글 웃으며, "아, 그러고 보니 그것도 말 되네요. 저는 아무래도 어머니, 아버지한테 세뇌당한 것 같아요. 그렇지 않고서야 어떻게 이 나이까지 이렇게 매일 행복할까?"라고 말했다.

신호등이 바뀌어 길을 건너면서 우리는 함께 웃었다. 그러나 내 뇌리엔 정말 행복하냐고 묻던 아이의 말이 지워지지 않았다.

이튿날은 마침 대학 때 친구들과 제주여행을 약속한 날이었다. 똑같은 일상에서 홀가분하게 떠나온 그 자체만으로도 우리는 충분히 즐거웠지만 나는 아무도 모르게 제주앞바다에서 아주 소중한 추억 하나를 간직하게 되었다.

여행 둘째 날은 범선 등을 비롯한 여러 섬들을 관광하는 코스였다. 태풍 뒤의 가을하늘은 더 없이 청명하고 지평선을 가늠할 수 없는 망망대해 앞에서 내 존재란 하나의 작은 점에 불과할 뿐이었다. 여기저기를 다녀온 후 배 안에선 오락프로가 진행되고 있는데도 나는 여전히 뱃머리에 혼자 서서 숨 막히듯 날카로운 해풍에 당당히 맞서면서 갔다. 내가 입은 점퍼 뒷잔등은 있는 대로 부풀려져 팽창된 고무풍선처럼 마구 공중으로 끌려 올라갈 판이었고 집채만 한 파도 위를 가를 때도 나는 피하지 않고 즐거이 물벼락을 뒤집어썼다. 이 무렵 어디선가 폭죽처럼 터져 나온 노사연의 노래 「만남」의 끝 구절!

'사랑해, 사랑해, 너를, 너를 사랑해…….'

요란한 배의 엔진 소리에 파묻혀서 들려오는 그 노래는 차라리 신비스러웠고 여린 음향의 간주곡은 완전히 묻혔는데 다시 고음으로 터지는 '사랑해…….'

그것은 이상하게도 내 마음에 깜깜한 밤하늘을 화려하게 수놓는 꽃불을 연상시켰다.

'사랑해, 사랑해, 너를. 너를 사랑해…….'

오대양 육대주로 연결되는 창창한 대해 한가운데 서서 나도 그 노래를 크게 따라 불렀다. 그런데 바로 그때 커다랗게 확대된 남편의 얼굴이 하늘과 바다 사이의 공간에 둥실 떠올라 내 눈앞에 나타났다. 대형 몽타주 사진 같은 형상으로 한참을 머무르다가 슬그머니 사라지는 모습! 순간 나는 내 눈을 의심했지만 그것은 틀림없는 사실이었고 내 뇌리로 번개 같이 작은 아이의 질문 '행복'이 스쳐갔다.

'그렇구나, 이것이 아이에게 줄 나의 대답이로구나, 그래 남석아, 엄마는 행복하다. 행복하고 말고…….'

나는 왈칵 눈물을 쏟았다. 나는 내 자신이 남편을 얼마만큼 깊이 사랑하고 있었는지 전혀 모르고 살아왔다. 그런데 여기서 나는 남편에 대한 내 애정을 스스로 확연하게 깨달은 것이다.

서울로 돌아오는 비행기 안에서 나는 그와 함께 살아 온 24년의 세월을 돌이켜 보았다. 내 어머니의 결혼 승낙을 얻지 못해 결국 서울로 줄행랑쳐서 올린 결혼식, 남편의 사업 실패, 계속된 피아노 레슨, 아파트 자투리땅에 세운 슈퍼, 남편의 신학교 진학, 슈퍼 아줌마로 완전 변신한 내 모습, 개척 교회 목회자 아내로서의 삶, 슈퍼로 돌아온 남편, 두 아들을 군에 보내고…….

한 직장에서 정년퇴직을 맞는 남편과 사는 많은 친구들에 비하면 내가 살아온 길은 험난하기까지 하다. 그러나 정작 당사자인 나 자신은 그것이 남들이 생각하는 것처럼 그렇게 힘들지는 않았다. 아니, 어느 상황에서든지 나는 그것을 즐겼고 다스렸으며 주인공으로서의 삶을 살아왔다. 그리고 최선을 다했다. 사업에 실패하고 실패해도 절대로 좌절하지 않는 남편의 끈기와 인내를 신뢰했고 그 인간성을 사랑했으며 모자람 많은 제 부모를 세상 어느 부모보다 훌륭하다고 굳게 믿는 내 아들들의 사랑이 나를 언제나 활기 있고 당당하도록 떠받들고 있었다.

나는 내 인생의 그래프가 수직으로 상승된 직선이기를 꿈꾼다. 내 삶의 질이 내 살아온 인생의 경륜과 병행되어 점점 더 양질의 것으로 변화되기를 원하고 내 아들들의 가정과 가장 조화로운 삶을 영위하는 것으로써 나는 내 인생의 성공여부를 판가름하려 한다.

"당신은 행복해?"

여행에서 돌아온 날 나는 남편에게 물었다.

"행복하지. 그러나 행복이란 순간순간 느끼는 것이지 결코 영원한 게 아니야. 인간이 일 년 365일을 늘 행복에 절어 산다고 해 봐, 그때는 이미 행복에 중독이 되어 있어 행복을 못 느끼는 법이야."

작은 애의 질문에 노심초사했던 나와는 달리 여느 때와 마찬가지로 이번에도 남편은 어려움 없이 선뜻 대답했다.

"당신은 당신의 뜻을 펴보지도 못했잖아? 사업도 아직까진 그렇고 목회도 중단했고……. 그래도 행복해?"

나는 기회를 놓치지 않고 평소에 의문을 갖고 있던 남편의 심중을 슬그머니 떠보았다.

"그것은 행복과는 별개의 것이야. 그리고 아무리 자기가 좋아하는 일이라 해도 그것이 일단 생업이 되고 보면 흥미가 약화되는 법이지, 내가 목사가 되지 않은 건 어느 면으론 크게 다행인지도 몰라."

나는 아무 말도 못하고 가만히 그의 얘기만 듣고 있었다.

"행복이란 밤늦은 시간 팔다 남은 군밤을 챙겨들고 그것이 식을세라 부지런히 수레를 끌고 가족에게로 돌아가는 군밤 장수의 마음 같은 것이야. 자, 당신 여행에서 피곤할 테니 그만 자자."

남편은 불을 껐고 나는 그의 팔을 베고 편안하게 잠들었다.

슈퍼우먼

'나중에 목사가 되고 안 되고는 하나님이 하실 일이고, 우선은 신학교에 들어가 공부부터 하라.'고 나는 남편을 설득했다.

피아노 레슨이 없는 시간을 이용해 틈틈이 가게에 나가 남편과 가까이에서 일해 보니 멀쩡한 내 남편이 왜 그토록 오랜 세월 세상 풍파에 시달렸는지 그 이유를 알 것 같았다.

가게 종업원으로 일하는 Y가 퇴근할 때마다 점퍼 안쪽에 불룩히 물건을 숨겨나가고, 온종일 노출되는 현금거래의 과정과정에서 옆으로 새나가는 지폐 수가 내 맹한 눈에도 분명하게 보이는데, 내 품에 날아든 새는 결코 쫓아내는 게 아니라며 남편은 끈질기게도 Y의 반성을 기다리고 있었다.

그러나 여기는 우매한 한 인간을 사랑으로 감화 감동시켜 새사람으로 만드는 선도 기관이 아니다. 우리 네 식구의 생활 근거지이자 치열한 삶의 현장인 것이다. 게다가 남편은 고객 누구에게나 진정으로 친절했다. 친절한 것은 좋은데, 고위층 인사들이 주로 사는 이 아파트 손님 중에서도 청소원이나 파출부, 경비원이나 운전기사, 그리고 어린아이들에게 유독 공손했다.

나는 아연실색하지 않을 수 없었다. 문득 남편의 사회생활 첫 출발이 불우청소년들을 가르쳤던 공민학교 교장이었고 언제나 약자편에 속해 왔던 평소의 그가 불현듯 생각났기 때문이다. 그것은 내가 남편의 직업에 대하여 다시금 곰곰이 생각해보게 된 동기가 되었다. 남편은 지금까지 줄곧 자신에게 맞지도 않는 자물쇠에 대고 헛된 열쇠를 돌려왔던 것이다.

그런 중에 내가 결정적으로 그를 가게로부터 격리시킬 사건 하나가 발생하였다. 버려진 땅을 일구어 남편이 기어코 해낸 이 사업을 처음부터 시기하고 질투했던 한 사람이 남편을 중상모략하며 끊임없이 괴롭히기 시작한 것이다. 주로 믿었던 사람들로부터 상처를 받아왔던 남편이 이번에도 또 그 덫에 걸려 피 흘리게 된 것이다.

신음하는 그를 옆에서 부축하며 지켜보다가 나는 이번 기회에 남편을 아주 그의 본업으로 되돌려 보내리라 생각했다. 연약한 아내에게 험한 슈퍼 일을 맡기고 훌훌 신학교로 들어갈 수 없었던 남편이 여러 날을 고민하다가 마침내 편입을 결정했을 때 나는 과감히 전공인 피아노를 버렸다. 고3, 고2가 된 두 아이는 학교 앞에 하숙을 시키고 나는 완전한 슈퍼 아줌마로 뛰어들었다. 아직도 그 버릇을 고치지 못한 Y는 그냥 두고 볼 수 없어 당장 해고시키고 운수회사 총무부장으로 정년퇴직한 인텔리 아저씨 한 분과 젊은 날 목수일로 다져진 건장한 근육질의 아저씨 두 분을 모셔다가 어른 겸 종업원 겸 모든 일을 맡기고 상의하며 나는 열심히 일했다.

신물 나게 집에서 놀아보았던 두 분의 노인들은 제철 만난 고기 떼처럼 신나게 자전거 페달을 밟으며 배달했고, 물건도 사들이고 진열도 도우며 청소도 하고 빈 상자도 묶었다. 새벽잠이 없었던 두 분의 노인들이 꼭두새벽부터 가게 문을 열고 자기 일처럼 정직하게 일을 해준 덕분에 가게는 날로 번창하였다. 막내는 대학교 1학년, 맏이는 대학교 2학년, 남편은 대학교 4학년, 나는 지금 대학생 셋의 학부형이다.

빨치산

며칠 전 우연찮게 우리 마을 한가운데를 가로 질러간 나지막한 야산에 아주 쾌적한 등산로가 있다는 이야기를 들었다.

꽤 괜찮은 멋진 산책길이 여기저기에 있긴 하지만 시력이 날로 떨어져가는 남편과 사는 여자에겐 모두가 그림의 떡이다. 남편과 동행할 수 있는 편한 코스를 찾고 있는 중인데, 그래서 오늘 우리는 아침을 먹고 천천히 그 산의 탐험 길에 나섰다. <천사의 집> 뒤편 길로 접어들면 저 만치 산등성이에 잣나무 군락이 보이고 오솔길 비슷한 산길은 거기서 시작된다고 했었다. 그런데 간단하게 생각했던 초입 찾기가 생각만큼 쉽지가 않았다. 별 수 없이 정보를 준 박 반장님께 전화를 걸었더니 '그러게 왜 내 안내를 받지 않고 먼저 갔느냐?'고 지청구할 뿐 전번과 같은 대답이다. 까짓것 모로 가도 서울만 가면 되지…….

나는 더 이상 머뭇대지 않고 어림짐작 적당한 데서 무작정 산속으로 들어갔다. 온탕에서 냉탕으로 들어온 듯 찬란한 정오의 햇살 속에서 갑자기 짙푸른 산속으로 들어오니 그 청량감은 너무 서늘하다. 상황이 그래선지 숲내음조차 괴괴하고 어쩐지 으스스하기까지 하다. 그래도 이미 저질러진 일…….

신경이 긴장되면 시신경 훈련도 함께 되는 것이니까 시험 삼아 한 번 가보자고 앞장을 섰던 남편은 예상과는 달리 너무나 잘 따라

온다. 나도 모르는 사이 나는 자꾸 위쪽을 향해서 올라갔다.

"이건 길이 아니냐……. 당신, 방향이나 알고 가는 거야?"

마침내 남편이 내게 브레이크를 걸었다. 우리가 멈춰 선 공간은 산속에 어떻게 이런 공터가 있는지 의아할 정도로 너무나 아늑하고 포근했다.

"글쎄, 내가 너무 쉽게 생각했나봐……. 나는 '이까짓 작은 동네 산쯤이야…….'라고 했거든?"

내가 머쓱하게 대답하자, "여보, 여기서 우리 그만 내려가자. 산길이란 게 그렇게 만만한 게 아니야……. 그리고 내려갈 때는 반드시 올라온 길로 내려가야 해……." 타이르듯 부드럽게 그가 말했다.

"당신 올라온 길 기억할 수 있겠어?"

시야가 흐려가는 남편은 아내가 늘 안쓰럽고 딱하면서도 모든 게 미덥지가 않다.

"당근, 염려 붙들어 매셔요. 이까짓 거 손바닥만한 산쯤이야 뭘……."

나는 어느 사이 이미 향기로운 산속 정기에 취해 있었으므로 느물느물대면서 큰소리 쳤다. 숲속 이엉을 머리에 이고 서있는 남편의 이마로 한 줌 햇살이 빗금을 내그으며 조용히 머물고 있다. 사랑하는 남녀 단 둘이만 마주서있는 인적 없는 숲속의 정오……. 비록 길을 잃고 헤매는 중이긴 했지만 그것은 충분히 로맨틱한 장소였다.

그러나 이 남자는 케네디 헤어스타일을 하고 호시탐탐 기회를 엿보던 옛날의 그 남자가 아니었다.

"아빠, 나는 왜 지금 생뚱맞게 빨치산이 생각날까?"

내 뇌리로 뜬금없이 영화에서 나오는 빨치산이 떠올라서, 나는 이렇게 말했다.

"마을 산에 은둔하고 있다가 밤이면 인가를 찾아내려오는 그 빨치산들 말이야……."

뚱딴지같은 내 발상에 그가 웃었다.

그러면서 우리는 어느 사이 자연스럽게 오르던 산길을 멈추고 다시 되돌아서 내려오고 있었다. 물론 남편이 당부하며 '올라왔던 그 길'은 아니었다. '모로 가도 서울만 가면 되는 길'이었다.

"올라오던 길이 아닌 것 같은데?"

남편이 내 눈치를 보며 말한다.

"걱정 마요. 모로 가도 서울만 가면 돼……. 까짓것 뛰어봐야 벼룩!"

나는 자신 있게 그를 안심시켰다.

내려오는 길은 올라가던 길보다 체중이 앞으로 쏠려서 훨씬 더 힘들었다. 겨우겨우 내려오다 보니 저만큼 아래 숲 사이로 집 한 채가 보인다.

"우리 뭐 몇 발자국 올라가지 못한 거네……. 아빠, 벌써 저기 집이 보여요. 이제 다 내려 왔어……."

요란스레 개짓는 소리가 들렸다. 그 소리는 점점 가까워지고 우리는 어느 낯선 집 뒤꼍으로 발을 디뎌 놓았다.

"당신들 뭐예요?"

어디선가 날카로운 여자 음성이 들려왔다. 고개를 돌려보니 반바지 차림에 각진 테의 안경을 쓴 한 여인이 성난 얼굴로 우리를 째려보고 서 있다.

"넷, 저희는 작년 가을에 '신원1길 164번길 31-9'로 집 지어 이사한 허준구 · 민서현 부부입니다. 저 너머 팔당산 기도원 쪽 개울 건너 하얀집이 저희 집이에요."

내 모습은 마치 산에서 막 내려온 빨치산이 총부리를 들이댄 수색형사 앞에서 손들고 섰는 폼이 되어 변명 아닌 변명을 또박또박 늘어놓고 있었다.

그리고 하마터면 "저희는 빨치산이 아닙니다."라고 토를 달 뻔했다.

"박 반장님 아시지요? 저희가 적당한 아침 산책길을 여쭸더니 신원역 쪽으로 갈 수 있는 이쪽 산길을 추천해주셨습니다. 초입을 못 찾아 엉뚱한 데로 올라갔다가 결국 못 찾고 다시 내려오는 중이었어요. 이거 본의 아니게 주거 침입을 하였군요. 죄송합니다. 놀라게 한 것 용서하십시오."

그이가 그 울림 있는 멋진 음성으로 점잖게 사과했다.

"여기는 우리 집 울타리 안입니다. 아실만한 분들 같은데 무슨 짓이에요?"

남편이 사과했는데도 그 여자가 또다시 으름장을 놓는다. 못 마땅했지만 이미 무장해제 된 분위기…….

"아, 알지요. 고의가 아닌 것 보시면 아시잖아요? 저희가 잘 못 했어요. 그런데 선생님, 여기서 신원역 쪽으로 가려면 어떻게 가야 하지요?"

지금이 기회라고 생각한 나는 재빠르게 말머리를 돌려버렸다. 빨간색 커플 티에 청바지차림인 우리 부부를 아래위로 쓰윽 훑어본 그녀가 말했다.

"여기서 오른쪽으로 2킬로 더 가면 신원역, 여기서 왼쪽으로 가서 천사의 집 쪽 산으로 가면 1,8킬로입니다."

그녀 또한 나만큼이나 또랑또랑하게 답변을 했다.

"호호호. 저 여자, 대학교수나 연구원쯤 되겠구먼……. 확실히 가정주부는 아니야……." 풀려나오면서 내가 이렇게 말하자 "어떻게 알아?"하고 그가 묻는다.

"내 눈은 못 속이지……. 어느 전업주부가 저렇게 숫자로 들이대? 그리고 뭐 한 카리스마 하시는 군……."

키득키득 웃어대며 나는 남편의 팔짱을 꼈다.

케네디 헤어스타일이 썩 잘 어울리던 정열적인 사내는 이제 눈이 어둑해 가는 황혼 속의 남자가 되어 '저 푸른 초원 위에 그림 같은 집을 짓고 사랑하는 우리 님과 한 백년 살러간다.'

산촌의 정오는 짙푸른 정적뿐, 오늘 산하는 모두 우리 둘의 것이었다.

내 영혼의 깊은 데서

이 남자, 내가 사랑하는 내 남편입니다. 1년 전 꼭 이맘때쯤, 우리부부는 양평에 전원주택을 짓고 새 둥지를 틀었습니다. 시력이 약했던 남편의 노후를 대비한 결단이었지요. 그러나 맑고 청아한 숲속 공기에서 건강은 많이 좋아졌지만 남편의 시력만은 별다른 진전이 없이 악화되어갔습니다. 그러다가 얼마 전 주일예배 때 갑자기 그이는 나지막하고 비통한 음성으로 시력에 한계가 온 것 같다고 내게 말했습니다. 그런 후 평소 다소 냉소적이었던 목사님의 안수기도를 스스로 청해 받고 양평으로 돌아와 즉시 가족 모두를 불러 모았습니다. 그리고 자신의 상황을 선명하게 밝히고 차후의 일들을 부탁했습니다. 사물이 흐려지면서 아내의 얼굴조차도 뚜렷이 볼 수 없게 된 남편……. 그러나 그이가 가장 염려하는 건 당신 자신의 시력보다는 아내인 제 입장이었습니다. 하지만 결혼 때부터 각오하고 살아왔던 저인지라 오히려 담담하게 현실을 받아들였고 45년 불편 없이 살아온 지난날이 정말 새삼스럽게 감사했습니다.

"현대의학의 엄청난 발전은 줄기세포로 인해 망막재생수술도 머잖아 이루어질 전망이고……."

매사가 긍정적인 저는 늘상 이렇게 말했었고 그이는 "사람의 장기를 다 고친다 해도 시신경만큼은 요원하다."고 말해왔습니다. 확인사살 당할지라도 병원에나 한 번 가보자고 설득해서 마침내 우리는 며칠 전 서울 집에서 하룻밤을 잤습니다. 그리고 이튿날 아침, 풀잎에 맺힌 이슬이 아직도 영롱한 시간에 정원에 나가 조용히 마주 앉았습니다. 그이의 얼굴은 어느 때보다 맑고 평화로웠어요. 커피를 끓이려고 잠깐 위층으로 올라왔다가 문득 저만치 아래 잔디밭을 내려다보니 은발의 그이가 하얀색 티셔츠를 입고 먼데 하늘을 바라보는 혼자 모습이 보였습니다. 모든 것을 다 내려놓은 자의 고즈넉함…….

내 영혼의 그윽히 깊은 데서 맑은 가락이 울려나네
하늘 곡조가 언제나 흘러나와 내 영혼을 고이 싸네
평화 평화로다 하늘 위에서 내려오네
그 사랑의 물결이 영원토록 내 영혼을 덮으소서

그로부터 다섯 시간 후 우리는 병원에서 '더 이상의 진척은 없을 것이고 지금 이대로의 시력은 보존된다.'는 복음을 들었습니다. 그렇습니다. 그것은 분명 '복음'이었지요. 완전실명을 순명으로 받아들였던 우리에게 하나님은 이쯤에서 시험을 멈추셨나 봅니다.

이삭을 바치기 직전 하나님이 아브라함에게 들려준 그 마지막 음성을 저희도 들었다고 믿고 싶어요.

거짓말 같은 50대

"언제 봐도 정열적인 너의 모습, 꿈 많은 소녀 같은 네 모습이 정말 보기 좋았다."

석 달 전 '대학졸업25주년기념축제' 때 만난 옛 친구가 이번 크리스마스카드에 적어 보낸 글이다.

젊은 시절 나는 50대 여인들의 심경이 몹시도 궁금했었다. 50대라 하면 이미 여자가 아닌 것 같았고 50대가 된 내 모습은 도저히 상상조차 할 수 없었다. 20대의 내게 50대는 그저 암울한 잿빛과 무기력일 뿐이었다.

그런데 1993년이 밝아오면서 드디어 나는 쉰 살 중늙은이가 되어버렸다. 참으로 거짓말 같은 현실이다. 50대가 됐지만 내 마음은 여전히 소녀 때와 다를 게 하나도 없고 내 속에 가득 찬 꿈도 그대로인 것이다

또 젊었을 때 생각했던 50대는 어렵기 그지없는 까마득한 어른이었는데 지금의 내 모습은 아무리 봐도 위엄이니 연륜이니 하는 것과는 거리가 멀다. 좋게 말하면 젊어 보이는 것 같고, 나쁘게 말하면 나이 값을 못하는 듯하다.

"인류 대다수를 먹여 살리는 것은 희망이다!"

누군가의 말을 인용하여 항상 부르짖는 남편 말대로 희망을 가지고 살아왔기 때문일까? 아니면 언제나 활기찬 생활을 이끌어가는

제 어미에 대한 두 아들의 자부심 덕분일까?

아무튼 50이라는 내 나이는 스스로 생각하기에 너무나 황당하여 주변의 50대를 슬그머니 돌아보게 된다. 한평생 쌓아올린 부와 명예를 거머쥐고 회심의 미소를 짓는 이가 있는가 하면 늙는 것과 죽음이 두려워 온갖 보약과 영양제 속에 파묻혀 지내는 이도 있다. 또한 남편 복도 자식 복도 없이 고단한 노동 속에 지친 하루를 보내는 이도 있고 아직도 정착하지 못하고 방황의 세월을 보내는 사람도 있다.

새해를 맞으며 나는 나의 50대를 그려본다. 그 친구 말대로 항상 정열적이고 꿈 많은 소녀이고 싶다. 내가 머무는 곳 어디나 기쁨과 즐거움으로 가득 채울 수 있기를 희망한다.

가을밤과 시

"여보, 내가 시를 한 편 썼는데 말이 되는지 들어볼래?"

우리 집의 밤늦은 저녁식탁을 물리자 남편이 약간 상기된 어조로 이렇게 말해왔다.

오십이 다 된 이 나이에도 어린애같이 맑고 투명한 심성을 지니고 사는 그이기에 이 가을을 그냥 보내지 못하고 한 편의 시를 썼다는 게 조금도 놀라운 일이 아니었다.

"어머! 그래요? 어디 좀 봐요."

나는 남편 앞으로 한 무릎 다가가 앉았다.

"길을 걷다가 문득 쓰고 싶은 충동을 느껴 길가 문방구에 들러서 거기서 썼어, 사실은 내 생전 처음 쓴 시야."

어울리지 않게도 남편은 약간 수줍어했다.

"글쎄 얼른 읽어 보라니깐요."

내가 재촉을 하자 남편은 헛기침을 두어 번 하고 난 뒤 입을 뗐다.

"벗이여, 나의 벗이여……."

남편이 감정을 잡고 첫 구절을 읊자 어느 결에 큰 녀석이 황급히 다가오더니 제 아버지를 제지한다.

"아빠, 잠깐, 잠깐만요. 시낭송엔 배경음악이 있어야죠."

큰애가 타는 기타의 선율이 방 안을 가득 채우기 시작했다.

"조명! 조명!"

큰애의 기타 연주가 시작되자 작은 녀석이 갑자기 소리를 지르며 잽싸게 탁 불을 끄곤 어디선가 야외용 스탠드를 꺼내다가 제 아버지 앞에 켜 놓았다.

아주 눈 깜짝할 사이에 우리 집은 시낭송의 간이무대가 되었다. 배를 쥐고 깔깔대던 웃음이 그치고 조용히 아빠의 자작시를 경청할 채비가 이루어졌을 무렵 난데없이 내 뇌리에 경대 위의 빨간 헤어드라이어가 생각났다.

"아빠, 마이크!"

내가 불쑥 헤어드라이어를 그의 입에 들이대자 겨우 멈췄던 웃음은 다시 한 번 폭소로 터졌다.

"벗이여, 나의 벗이여……."

그는 천연덕스레 헤어드라이어를 손에 쥐고 다시 읽어 내려갔다. 어둠 속 동그랗게 비친 스탠드 곁에서 그의 시와 큰 녀석의 기타 선율에 묻혀 나는 이 세상에서 가장 아름다운 가을밤을 보내고 있었다.

멱살 잡힌 내 남편

오늘은 2019년 예사랑 송년음악회 날, 아침부터 남편은 콜록콜록 기침을 하고 컨디션이 엉망이다.

우리 부부 차례가 되어 단상에 올랐다

'사랑의 종소리…….'

연말 분위기에 딱 어울리는 곡이었고 평소 우리가 즐겨 부르던 노래였기에 연습은 안 했어도 걱정은 안 되었다. 그런데 후렴 부분인 돌림노래부터 남편이 막나가기 시작한다. 남자파트가 나와야 할 때와 기다려야 할 때를 구분하지 않고 내쳐 마구 내뻗는 것이었다. 이 부분은 곡의 중요 포인트인지라 다급해진 내가 남편의 가슴을 툭 치며 사인을 보냈건만 그이는 여전히 혼자서 노래 삼매경…….

이렇게 저렇게 대충 연주를 끝내고 무대를 내려오는데 이게 뭔 일? 관객들이 하나 같이 환성을 지르면서 기립 박수를 치는 게 아닌가?

나중에 동영상을 보니 내가 남편 가슴을 툭 쳐도 멈추지를 않으니까 남편 연주복 앞섶을 모아 쥐고 흔들다가 확 풀어주는 모습이…….

멱살 잡힌 내 남편!

부부싸움

아직 뽑지 않은 배추를 보호하기 위해 어제 비닐 위에 이불 홑청까지 덮어씌워 일기예보에 대비했는데, 막상 사람인 우리는 오늘의 폭설에 가택연금을 당했다.

며칠 전 예약해두었던 콜택시가 이쪽 지역은 위험에서 못 올라오겠다고 통보해온 것이다. 1시에 시작되는 교회 행사……. 오늘은 종강 파티인데……. 그러나 어쩔 것인가? 담당자에게 급히 연락을 취하고 심란한 채 서성대고 있는 내 곁에서 그는 "그까짓 콜택시 구걸할 것 없이 걸어서 가자."고 한다. 한 치 앞도 내다보이지 않는 눈보라 속에 비탈진 언덕 꼭대기를 구비구비 넘어서 중앙선 신원역까지……. 누구 약을 올리나? 눈도 잘 보이지 않는 사람이 시원찮은 다리 가진 아내를 보호자로 데리고 다니면서.

"당신이 지금 이팔청춘이에요? 제발 주제 파악 좀 해요."

내 손목을 잡고 눈 내리는 시골길을 걷고 싶어 하는 그이의 심정은 45년 함께 산 아내가 모를 리 없건만 평소 한 번도 써본 적 없는 독한 용어로 나는 그이를 공격했다. 그러나 꿈쩍도 않는 이 사내.

"내가 처음 당신 쫓아다닐 때 말야, 나는 당신의 그 야성에 반했었지……. 서부활극에 나오는 활기차고 당차면서 모험심이 강하고 도전적인……. 물론 지금도 그 야성은 살아있지만 말야……."

아, 이 못 말리는 남자!

"아빠, 지금은 낭만을 위하여 모험을 감행할 때가 아니야, 이제는 매사 조심하며 살아야 하는 70대라구……. 기분 내키는 대로 움직이면 절대 안 돼요. 다치면 어쩌려고 그래요?"

이리하여 나는 그에게 눈사람을 만들자고 제안했다. 마음 같아선 눈싸움을 하고 싶었지만……. 펑펑 쏟아지는 눈을 맞으면서 우리는 교회에서 진행되고 있을 프로그램을 까맣게 잊어 버린채 재미있게 눈사람을 만들었다. 우람한 남편과 다소곳한 아내가 마주 보고 서 있는 다정한 부부상…….

앞마당에 수북하게 쌓여가는 눈보라의 눈청소는 눈사람의 몸통 굴리기로 말끔하게 치워졌고 부부싸움은 아직 눈도 녹지 않았는데 눈 녹은 듯 사라졌다. 눈은 지금도 내리고 있다.

산책길

목욕을 하고 나와 보니 어쩐지 집안이 휑하니 썰렁하다. 그이가 안 보여 즉시 휴대폰 1번을 눌러보니 전선 저 멀리에서 그이 음성이 들려온다. 기운이 쇠한 듯한 슬픈 음성…….

"아빠, 어디야?"

"으음……, 그냥 나왔어."

"어디 있는데?"

"여기 마을회관 앞……."

"기다렸다가 같이 나가지 않구……. 나 목욕 끝났어. 곧 나갈 테니까 천천히 걸어요."

눈이 안 좋은 남편과 사는 아내는 늘 이렇게 마음이 쓰인다. 대충 물기를 닦고 서둘러 대문을 나섰다. 3월초의 맵싸한 찬바람이 물에서 금방 나온 내 몸을 싸늘하게 스친다. 겅둥겅둥 걸어서 비탈진 언덕길을 내려왔다. 개울을 지나 평지로 들어서자 내 걸음은 마치 올림픽 경보 선수와도 같이 갑자기 빨라졌다.

'아, 어떻게 내가 이렇게 잘 걷지?' 나한테 내가 놀란다.

엊저녁부터 슬슬 말수가 적어진 그이, 뭔가가 불편한듯하기는 한데 딱히 짚이는 건 없다. 한참을 생각하다가 문득 생각나는 게 있었다. 해마다 봄을 타서 어디론가 늘 떠나고 싶어 하던 그이……. 아하, 그거였구나…….

묘한 기류가 팽배한 가운데 아침식사가 끝났는데 나는 왠지 그를 봐주고 싶은 마음이 없다. 모르는 척 평소처럼 그에게 설거지를 부탁했다. 그리고 나의 일상인 목욕을 하러 욕실 문을 열었다. 아무래도 불안하여 아주 잠깐만 하고 나와 보니 이런 사달이…….

모네의 숲속 풍경 같은 우리 집 언덕을 내려와 작은 개울을 건너 삼거리 오른쪽 길로 향한다. 아름다운 이 동네 경관에 생뚱맞은 여덟 채 공동주택 단지가 저만치에 보인다. 지난해 겨울에 터를 닦더니 이제 공사를 시작하려나 보다. 벌써부터 개 짖는 소리……. 집채만한 그레이하운드 두 마리가 청년회장 집 철책담장 안에서 난리를 치면서 짖어댄다. 이 집 주인은 예순이 넘었음에도 불구하고 청년회장이다. 청년이 거의 없는 이 동네의 청년회원 자격은 65세까지…….(웃어넘기기엔 씁쓸하지만.)

'산불방지' 차량을 운전하는 박 반장님 댁을 지나서 두 번째 개울을 건넜다. 신망원 쪽과 천사의 집 쪽으로 갈리는 큰 삼거리……. 빨간색 2층 컨테이너 이장님 댁 봉고차가 마당에 서 있는걸 보니 눈 맑고 매력적인 이장 사모가 지금은 집에 있나 보다. 마을 회관을 지나치면서 또다시 전화를 했다.

"나 지금 마을회관 지나고 있는데 어디 있어요?"

"여기 철길 밑에 있어. 내가 마주 올라갈 테니 당신은 그대로 내려와……."

지금은 아까같이 슬픈 음성이 아니다. 다정하고 따뜻한 평소의 울림 있는 저음이다.

'아고오……, 어린애 같기는…….' 사라진 자기를 찾아 금방 달려나오는 아내한테 위로를 받고 마음이 편해진 내 남편, 나는 혼자서 실소를 한다. 승용차 한 대가 내 옆을 지나치다가 저만큼 앞서 스르르 멈춰 섰다. 유리창 도어가 열리며 도담교회 조 집사의 얼굴이 빼꼼하게 드러났다.

"권사님, 타실래요?"

"그래요, 고마워요."

주저 없이 냉큼 차에 오른 건 조금이라도 빨리 남편을 만나야겠다는 생각에서다. 차안에 모르는 얼굴 둘이 앉아있다.

"권사님, 저희 이웃 분들이세요. 그런데 오늘은 어떻게 혼자세요?"

조 집사가 눈을 치켜뜨며 백미러 속에서 웃는다.

"아, 그이는 먼저 나갔어요, 조금가면 저만큼쯤에서 만날 거예요."

"흐흠흠, 그럼 그렇지, 혼자 다니실 리가 있나. 서울 가세요? 저희들은 하남 꽃시장 가는데……"

"아니에요, 그냥 좀 걸으려구요."

드디어 윈도우 밖 저 멀리에 그이 모습이 조그맣게 나타났다. 진갈색 챙 있는 모자에 살짝 드러난 은회색 톤 머리. 군청색 점퍼에 청바지 차림인 그이가 차창 밖에서 점점 가까이 다가온다. 그를 에워싸고 있는 묘한 부드러움이 오늘도 여전히 출렁인다. 멋진 남자다.(제기랄, 나는 어쩌자고 46년 같이 산 저 남자가 아직도 멋져 보일까?) 조 집사는 중간에 주저 없이 나를 내려놓고 차 꽁무니를 끌면서 눈앞에서 사라졌다.

"아빠."

나는 달려가 스스럼없이 그이 팔짱을 꼈다. 그리고 아무 일도 없었던 듯 평소대로 가게이야기며 아이들이야기를 하면서 들길을 걸었다. 화났느냐고 묻지도 않았고 그이 또한 별다른 말도 하지 않았다. 화사한 봄날이 되면 반대로 더욱 외로워질 그이, 닫혔던 대지의 문이 일제히 열리면 여기저기서 환희의 함성이 터질 터……. 그이의 고독을 그 누가 이해할 것인가. 내가 그이 눈을 대신해서 해줄 수 있는 것은 아무것도 없다. 고작 이렇게 손잡고 따뜻하게 걷는 것 이외에는……. 그는 항상 노래를 하며 걸었다. 그러나 오늘은 노래를 부르지 않는다. 아니 간간히 침묵마저 흘렀다. 그러나 저 멀리 숲속 한가운데에 하얀색 우리 집이 그림처럼 조용히 나타날 즈음 "아아, 내가 어떻게 당신을 만났는지……. 당신을 안 만났으면 내 인생은 얼마나 황폐했을까……"하며 평소의 레퍼토리를 되뇌이기 시작했다. 이것은 그가 평심으로 돌아 왔다는 증거다.

우리가 매일 걷는 5킬로 가량의 동네 한 바퀴 산책은 1년 동안 우리의 심신에 지대한 긍정적 에너지를 주었다. 우리 집 대문 근처에서 웬 낯선 남자 두 명이 얼쩡거리고 있다. 다가가 무슨 일이냐고 물었더니 집이 너무 멋져서 구경하고 있는 중이란다. 그런 후 에 연이어 은근한 목소리로 동네 땅값을 물었다.

눈 나쁜 남편은 예민해지고 여기저기서는 집짓는 포클레인 소리가 들린다. 여자들은 꽃시장으로 내빼고 서울사람들의 발걸음은 잦아졌다. 그러고 보니 겨우내 죽어있던 나뭇가지가 푸르죽죽 수상쩍게 변한 듯도 하고 누렇게 삭아서 바스러진 잡풀더미 속에서도 드문드문 연둣빛깔이 눈에 띈다. 병풍처럼 둘러쳐진 산꼭대기 능선의 나무들은 빗금처럼 촘촘하게 세워져서 사이사이로 투명한 햇살이 투영된다.

아하, 바로 문턱까지 찾아온 봄! 갑자기 내 몸에 확 생기가 돌아왔다

'그래, 올해도 한번 신나게 살아보는 거야……. 남들은 결코 꿈도 못 꿀 도전과 용기 있는 우리들의 삶……. 이런 성취감을 그 누가 알랴…….

현관 안으로 들어오자마자 나는 곧바로 다용도실로 갔다. 그리고 겨우내 보관해 두었던 액자 하나를 꺼내 들고 나왔다.

걸었던 족자를 떼어내고 그 자리에 나는 '봄'을 걸었다.

남편에게 준 생일선물

둥구나무!

내 남편의 가슴속에는 한 그루의 둥구나무가 산다.

신혼 초 내가 그이의 학창시절 앨범을 구경하다가 유일하게 이름 석 자를 물어봤던 한 사람이 있었는데 그때의 대답이 '함기선'이었다.

예산중학교 1학년 때 3학년생인 그가 찾아와 자기를 형이라 부르라 하며 유난히 아껴주고 사랑해주었는데, 남편은 그 즈음이 인생에서 가장 행복했던 시절로 기억된다고……. 아마도 그 당시 한창 유행했던 S동생 뭐 그런 게 아니었던가, 나는 생각했었다. 지난 2월 26일 오후 7시에 잠실 롯데 콘서트홀에서 <제8회 임긍수가곡의 밤>인 '강 건너 봄이 오듯' 연주회가 있었다, 기라성 같은 소프라노, 테너들의 솔로가 연주되는 프로그램의 앞부분과 마지막 부분은 320명 솔리데오 연합합창단이 부르는 합창곡,「아카시아 군무」와「바보 할매」였고 공교롭게도 작사자는 나, 민서현과 함기선 님이었다.

함기선? 섬광처럼 스쳐간 그날의 나의 예감. 남편한테 나직이 속삭였더니 동명이인일 거라고, 아니야, 맞을 거야……. 그랬다. 나의 예감은 적중했고 그래서 나는 남편 몰래 쾌재를 불렀다. 좋아! 이것을 이번 그이의 생일선물로!

63년 동안 가슴에만 품고 살았지 만나지 않고 살아온 내 남편의 심중을 나는 안다. 우리나라 1세대 성형외과 박사에, 기형장애 '토순'의 무료수술운동가, 10년간의 미스코리아 심사위원장, 병원장, 가곡 작시가, 적십자사 부총재, 대학 총장 등……. 연일 매스컴에 오르내리는 유명인사의 소식을 어찌 그이가 모르고 살았겠는가…….

그러나 지금은 열세 살 어린 소년이 아닌 것, 아름답고 순결한 그 동심을 그대로 간직하고 어른으로 살아가기엔 현실은 너무나 각박하고 메마르다, 십중팔구 깨어지기 십상인 어린 시절의 환상, 차라리 만나지 않고 그리운 채로 이대로 살아가며 영원한 마음의 고향으로 간직하리……. 하지만 지금은 만나야 할 때. 시간이 그리 많지 않다. 그리고 「바보 할매」를 작시하여 아내한테 헌정하는 바보 할배 함 총장님은 내 남편 뿐만 아니라 누구나가 꼭 뵙고 본 받아야 할 어른일 것이다.

내 추측은 역시였다. 순수함이 고스란히 보존된 원로 청년의 맑은 모습으로 그분은 우리 앞에 나타났다. 한 시간 전부터 전화를 걸

어 어디까지 왔는가 물어보시고 입구마다 비서들을 대기시켰다가 엘리베이터 앞으로 마중을 나오시던 그 상기된 모습……. 눈이 어두워져서 당신의 얼굴을 못 알아보는 63년 전의 S동생을 바라보며 그의 가슴은 얼마나 안타까웠을까……. 내 남편의 소리 없는 통곡은 또 얼마나 애달팠을까……. 손잡아 이끌고 손 잡혀 이끌려가는 두 노구의 뒷모습이 너무나 아름다워 나는 눈물이 핑 돌았다. 부부사진이 놓여있는 편안한 총장실 소파에 앉아 우리는 준비해간 선물을 풀었다. 49년 전 우리 결혼식 날 하객들에게 선물한 수필집 『창세기』와 25주년 결혼기념일에 연이어 낸 자전적 수필집 『걸레를 든 마릴린먼로』 그리고 내가 작시한 한국가곡 「그대의 은발」과 「첫눈 내리는 창가에서」 또 「물 위에 쓰는 편지」 등의 CD 석장……. 합창곡 「아카시아 군무」의 원산실인 우리 동네 산에서 채취한 벌꿀 한 통…….

그 시절의 이야기, 부모형제의 안부, 우리들 살아온 이야기, 음악이야기, 건강 이야기……. 그러면서 말씀하시길 '눈을 뜨고는 있지만 두 다리를 못 쓰는 사람은 더 고통스러운 것이니 이렇게 건강한 몸을 지니고 있음에 감사하며 살라.'고 격려하신다.

정주영 씨가 개발한 그 광활한 서해 간척지를 끝없이 지나가서 굴솥비빔밥에 오들오들 싱싱한 생선회, 굴부침개 등 한 상 가득 맛있는 점심을 사주시면서 정교하게 붙여서 말린 연초록색 파래김을 밥 위에 얹어주시던 자상함을 나는 잊지 못할 것 같다.

날씨가 안 좋아 비행기는 다음에 타고 오늘은 '기내 서비스 실습실'이나 구경하고 가라며 따끈한 차 한 잔씩을 내오게 하셨다.

신학기 그 바쁜 일정 중에 오후 시간을 몽땅 내어주신 그 깊은 배려에 진정 감사드린다. 떠나올 때 서산의 명물 '양념 뱅어포'와 영양크림을 선물로 주시면서 손자들 데리고 꼭 다시 오라고. 그 진중하고 넉넉하고 따사로운 마음……. 그분은 역시 변함없이 서 있는 마을 앞의 둥구나무였다.

치매 아내와 홈커밍대회

대학교 졸업한 지 어언 반백 년, 모교에서 초청장이 날아왔다. 이름하여 '50주년 홈커밍대회'!

몇날 며칠을 설레이다가 드디어 오늘 학교에 갔다. 거리도 교정도 옛것은 하나 없고 낯설은 듯 낯익은 듯 아슴한 얼굴들…….

푸른색으로 바뀐 학사모에 학사가운으로 갈아입고 후배들이 연주하는 밴드 음악에 맞추어 후배들이 만들어낸 아취형의 행렬 밑으로 걸어들어 가서 학과별로 따로따로 앉았는데 내 맞은편 좌석에 웬 엉뚱한 남자 하나가 끼어 앉아있다.

"내 아내가 치매입니다. 오늘 여기에 오면 혹시나 기억이 떠 오를까해서요."

잘 생긴 이목구비에 유연한 매너, 음성까지도 그윽한 80전후의 남자가 의아해하는 나에게 설명했다. 그 옆에는 방글방글 웃고 있는 예쁘고 행복해 보이는 여자가 나를 바라보는데 명찰을 일별하니 전명자!

"어머나……. 너 명자니?"

나는 달려가서 그녀를 와락 끌어안았다. 3학년 때 이화여대에서 편입해 온 노랑머리 흰 피부의 전명자! 한동안 수척하고 수심에 찬 꺼칠한 모습이 내 기억에 선명한데 이제사 돌아보니 그때가 아마도 임신 중이었던 듯……. 그 당시 이대에서의 법규는 기혼녀는 퇴학

이었다. 여고 2학년 때 교회 성가대에서 만나 결혼에 골인한 커플.

강물 같은 세월은 흐르고 흘러서 대학 졸업 한지 어언 50년이 되었고 아내는 지금 18년째 치매를 앓고 있다.

세상의 영욕 따위는 내 알바 아니다. 내 아내의 기억만 돌아온다면 지옥인들 못 갈까……. 지고지순한 사랑…….

어느 남편은 치매 앓는 아내를 데리고 아내 모교의 '50주년 홈커밍대회'에 왔다 .

단상에 올라와 의연하게 인사까지 한다.

부부란 무엇일까…….

내 보따리 내놔

밤새 비는 내리고, 밤새 드르렁드르렁 코를 골아대는 남편. '저쪽 방에 가서 잘까?'를 고민하다가 새벽을 맞았다. 5시가 조금 넘자 남편이 옆으로 비스듬히 바꿔 누우며 웅얼댄다.

"문 열었어?"

"무슨 문? 왜?"

생뚱맞은 새벽 첫 마디에 내가 되묻자, "내가 한기를 느끼니까 그렇지……." 꽥 소리를 지른다. "기가 막혀……."

밤새 잠 못 자며 옆에서 지켜준 사람한테 꼭두새벽 첫마디가 큰소리? 평소 안하던 짓을 하는 남편의 행동에 깜짝 놀란 나.

"아니, 이게 뭐하는 짓이에요?"

어안이 벙벙했다가 순간 이건 그냥 넘어갈 일이 아니란 생각이 스쳤다.

"좋아요, 나 저쪽 방으로 갈 거야."

아이고, 살만한가 보네……. 그렇지만 이건 아니지……. 나는 휴대폰을 찾아들고 쌩하니 거실로 나왔다.

'칫, 물에 빠진 사람 건져놨더니 보따리부터 달래? 어디 맛 좀 봐라…….'

커피를 내 것 딱 한 잔만 탔다. 눈뜨면 언제나 그에게 대령해준 해죽순 찻잔을 싹 외면했다. 그래도 어쩔 수 없이 한기를 느낀다는 그이 말은 무시할 수 없어 난방도 켜고 제습기도 틀었다.

'내가 뭐, 자기 리모콘인 줄 알아?'

커피 잔을 들고 테라스로 나오니 계단 위 화분에서 새빨간 산파첸스가 함초롬히 피어나 활짝 웃는다. 이것으로 그이는 50년 흡연한 담배진과의 혈전에 종지부를 찍는 건가?

X레이 촬영, CT촬영, PET촬영을 해도 확실한 근거를 못 찾아낸 의료진이 열흘간의 입원을 권했던 지난 2월 10일, 그이는 완강한 몸짓으로 병원 문을 박차고 뛰쳐나왔다. 그런 후 숨 막혀 죽을 고비를 수차례 넘겨 가면서 집에서 스스로 몸 안에 축적된 50년간의 니코틴 독소를 역류시켜 자신의 의지로 모두 다 뱉어냈다. 물레를 돌리는 깡마른 깐디옹처럼 뼈만 앙상하게 남아있는 상태로까지 체중이 내려갔다가 요즘 들어 차츰 차츰 회복세를 보이더니 마침내 오늘 큰 소리를 친다.

나는 지금 참으로 오랜만에 편안하게 이 글을 쓰고 있고 눈 안 보이는 그는 내가 삐친 줄도 모르고 침대 위에서 아침 운동을 한다. 지금도 비는 내리고 있고 때는 바야흐로 2020년 6월 마지막 날!

기다리다 못한 그이가 마침내 나를 부른다.

"여보……."

대답을 안했더니 휴대폰 벨소리를 막 울려댄다.

으악! 이게 무슨 시추에이션?

콰아앙! 한밤중 깊은 산속 마을 욕실 쪽에서 나는 소리……. 남편은 깊은 잠에 빠져 있고 소리는 멈춘듯하나 또 다른 여음이 들린다. 누운 채 잠깐 생각을 했다. '지진? 아닌데……. 욕실 수납장이 떨어졌나? 그럴 리가…….' 전혀 감이 안 잡힌다. 일어나 불을 켰다. 2시 40분! 안방 벽에 위치한 욕실 스위치도 올렸다. 공연히 살금살금 걸어가 욕실 바깥 쪽 문을 열었다. 남편이 깰까봐 숨을 죽이고 중간 방을 거쳐 욕실 문고리를, 뜬금없이 왜 청와대 문고리 삼인방 생각이?

문을 열었다. 와, 기가 차네. 욕실 바닥, 벽면, 천정, 거울, 유리창, 변기, 수납장……. 어디 하나 성한데 없이 온통 비누거품이……. 이건 완전 처참한 재난현장이다. 샤워기는 내가 건드리지도 않았는데 저 혼자서 콸콸콸 물이 흘러나온다. 아수라장이다. '난장이 따로 없네.....'

남편의 쉐이브 면도크림이 폭발한 거다. 욕실청소 끝내게 한 번 잘 하겠구나, 진한 흰색 페인트 같은 비누 거품을 밟고 지나 샤워기 물을 잠그고 침대로 돌아와 다시 잤다.

그리고 지금 막 반짝반짝하게 욕실청소를 끝내고 이 글을 쓴다.

개운한 아침…….

짝사랑 첫사랑

낙상 후 수술하고 퇴원한지 어느새 벌써 한 달, 한쪽 팔 깁스를 아직도 풀지 못하여 간병인으로 도움 받던 중국아줌마를 입주도우미로 들어 앉혔더니 정작 내가 할일이 별로 없다. 팔 한쪽으로 자판 두드리기도 어려워서 슬슬 음악이나 듣고 영화나 보면서 오랜만에 찾아온 이 여유를 즐기고 지내다가 오늘은 문득 지난날이 그리워져 앨범을 꺼내서 들여다보았다.

초등학교 입학사진이 내 앨범의 첫 페이지이고 몇 장을 넘겼더니 졸업사진이 나왔다. 내 시선이 문득 한 사내아이한테 고정되었다. 우리때는 검정색 긴 책상에 걸상 두 개씩을 나란히 놓고 남자 여자 한 명씩이 짝꿍이 되어 한 학년 동안 쭈욱 같이 공부를 했었다.

초등학교 3학년 때인 어느 날 , 내가 내 짝인 이 남자애한테 “얘, 너 이 금 안으로 절대 들어오지 마.”라고 말하면서 하얀색 곱돌로 책상 한 가운데다가 하얀 선을 썩 내려 그었단다.

남녀 각각 40명씩 단 두 클러스뿐이었던 우리들이었지만 졸업 후 제각각 흩어져 지내다가 60대 후반에서야 겨우 우리 레스토랑에서 처음 모였다. 이 곱돌 사건은 그때 그 아이 입에서 나온 말인데 내 기억에는 그랬던 것도 같고 안 그랬던 것도 같아 생각이 안 난다고 시치미를 떼었다. 부산에서 막 전학 와서 친구도 하나 없는 그 애한테 짝꿍이라는 여자애가 보호해주기는커녕 이런 봉변을 주었으니 그 애는 그때 얼마나 참담했을까? 은근히 미안했다. 그런데 그 애는 까까머리에 듬성듬성 쥐 파먹은 듯한 기계충을 앓고 있었고 심한 경상도사투리에 누런색 담요 천 같은 옷을 입고 다녀서 부장판사 아들이라고 수근대는 아이들 말도 뒷전이고 처음부터 내 눈 밖에 난 아이였다. 그런 그가 놀랍게도 나를 한평생 짝사랑해왔고 또한 내가 그 애의 첫사랑이었다니 세상은 요지경, 경악을 금치 못했는데 그제서야 비로소 신입생 때 있었던 미스터리 하나를 풀었다. 약학대학과 합반이던 교양과목 시간인데 강의실 복도에서 누가 나를 찾아왔다하여 급하게 나갔더니 거기에는 생뚱맞게도 옛날의 기계충 그 애가 멀뚱하게 서서 나를 바라보고 있는 것이었다. 놀라기보다는 너무나 어이가 없어 나도 말문이 막힌 채 가만히 있었더니 그 애도 단 한마디 말이 없이 장승처럼 서있기만 할 뿐이었다. '별꼴도 다 있네?' 나는 무심하게 내 자리로 돌아와 앉았고 무심히 지나쳤는데 이제사 생각해보니 일류대학에 합격한 그 애가 신사복에 폴라티를 차려입고 '나 어떠냐?'고 자랑하러 찾아왔던 것 같다.

아슴아슴 멀어져 가는 옛 얼굴들……. 요즘 들어 내 주위가 점점 휑해간다.

50년 된 골동품

'참, 울 집 정리하다 보니 『창세기』 책 12권이 있네, 필요하시오?'

조금 전 뜬금없이 친정 셋째동생이 이런 카톡을 했다.

'당근, 필요 하구 말구, 내겐 복사본 딱 한 권밖에 없거든?'

반가움을 넘어선 희열…….

'우선 사진 찍어 보내줘, 12권을 보기 좋게 나열해서 찍은 사진 한 장, 그리고 책 표지 전면 후면 각각 한 장씩…….'

나는 이런 답톡을 그녀에게 보냈다.

'1970년도 발행, 50년 된 골동품, 권당 비싸게 받고 줄랑께.'

그녀 또한 이런 카톡을.

1970년 5월 25일 우리 결혼식 날의 답례품, 우리들의 사랑이야기 모음집 『창세기』

(성경의 창세기가 아닌 '우리만의 세상을 창조한 기록'이란 뜻)

이리하여 나는 오늘 50년만의 나의 분신, 오래된 골동품을 찾았다.

이 여자가 사는 법

날벌레 한 마리가 주방 쪽으로 날아들었다. 후식으로 막 깎아 담은 과일접시를 생각지 않고 행동 빠른 내가 찌익 에프킬러를 뿌렸다. 과일접시 쪽으로도 강한 액체가 흩날렸다.

"아빠, 여기, 과일……."

남편 앞에 갖다 주자, "거기, 킬러 안 들어갔어?"라 물었다.

내가 말했다.

"먹어, 안 죽어."

찜찜한 표정으로 남편이 참외를 한 입 베어 물었다.

"어휴, 냄새……. 치워!"

고개를 한 번 갸웃하며 나는 포크를 집어 들었다. 그리고 가장 크게 잘린 수박 한 쪽을 입에 넣었다. 쏴한 냄새가 입안 한가득 채워지기 시작한다. 대충 씹어 넘기고 나는 미친 듯이 깔깔 웃었다.

"왜? 왜 그래?"

남편이 눈을 휘둥그레 뜨며 물었다.

"내가 너무 웃겨서……."

실제로 너무 웃어 눈물까지 나 있었다.

"내가 지금 무슨 생각한 줄 알아? 아, 내 입안 소독 한 번 잘 하는 구나……. 이 못 말리는 긍정의 극치여……,"

어이없어 남편이 웃는다.

"어? 올라갈 시간이네……. 잠시 TV 보고 있어, 금방 다녀올게……."

나는 웃음을 다 거두지도 않은 채 총총 2층 레스토랑으로 향한다. 그리고 올라가 아주 상쾌하게 손님들과 만난다.

어떤 개인 날

"에이, 여보……. 이것 좀 봐 줘……. 여기다 함께 쏟은 것 같은데?"

남편이 믹스커피 두 봉지를 각각 넣지 않고 한 컵에 두 개를 다 쏟아 부은 듯 말했다.

"아니야……. 따로 잘 넣었어."

아침 설거지를 마무리하면서 나는 가볍게 응수했다.

그런데 조금 있다가 다시 "이크, 이거 물을 너무 많이 부은 것 같은데?"라며 당황한 남편의 목소리가 들렸다.

다가가서 들여다보니 한 잔은 적당한데 다른 한 잔은 물이 너무 많다.

"한 잔은 괜찮은데 또 한 잔은 물이 너무 많아……."

설거지를 끝 낸 내가 이렇게 대답하자,

" 어떤 게 많아?" 또 묻는 그이다.

"이쪽 거……."

두 잔의 커피를 양손에 들고 섰는 남편의 왼쪽 팔을 살짝 건드리자, "아, 그래? 그럼 이거 당신이 마셔……. 당신이 많이많이 먹어야지……."라고 말한다.

나는 폭소를 터뜨리며 눈이 안 보이는 남편이 타준 싱거운 커피를 마셨다. 그리고 하루 종일 실실 웃고 다녔다. 어떤 개인 날에!

나이아가라폭포의 에피소드

오늘 새벽에 나는 늘 하는 대로 테라스 쪽 방문을 열었다가 화들짝 놀랐다. 비몽사몽간에 보이는 눈앞의 산천초목들이 평소와 전혀 다른 생경한 모습을 보이고 있었기 때문이다. 어제 그제 연이어 쏟아진 장대비 예보는 미리 알고 있었지만 지구가 뽑혀 나갈 듯한 숲속의 이런 광란은 전혀 예견하지 못했다. 요동치는 태풍의 난무와 밤새 불어난 계곡의 물소리가 혼성되어 우리 뜨락은 마치 나이아가라를 방불케 하는 굉음에 휩싸였다.

벌써 27년 전, 우리 부부는 어학연수 차 캐나다에 가 있는 큰아이를 만나러 관광 겸 그곳에 갔었다. 여기저기 자유롭게 배낭여행을 하다가 우발적으로 들른 나이아가라……. 뒤늦게 아슬아슬 유람선에 승선은 했는데 우리 앞엔 우람한 바리게이트처럼 세계 각처에서 모여든 관광객들로 발 디딜 틈이 없었다.

푸른색 비닐 우비 밖으로 얼굴만 빼꼼이 내밀은 관광객들이 유람선이 이끌어주는 대로 이리저리 흔들려 가노라니 거대한 나이아가라의 세찬 물보라와 굉음이 점점 가까이 다가온다.

이때 어디선가 들려오는 우렁찬 노랫소리…….

"글로리 글로리 할레루야, 글로리 글로리 할렐루야……."

그 소리의 임자는 바로 내 손을 잡고 서 있는 내 곁의 남자였고, 느닷없는 노랫소리에 사람들은 일제히 시선을 돌렸다 .

이때 재빠르게 나도 남편의 노래에 합류를 했다.

"후니쿨라 후니쿨라아, 얌모 얌모 얌모야 후니쿨라 후니쿨라……."

사람들의 입가에 어느 사이 부드러운 미소가 번졌고 알게 모르게 조금씩 조금씩 우리가 뚫고 지나갈 수 있도록 틈새를 내줬다.

"드링 드링 드링투 아이스 뎃아 브라이트 에스 더 스위 에스 후 롯 온미……."

드디어 유람선 맨 앞자리를 확보한 우리! 인정사정 없이 가해지는 세찬 물보라의 린치에 우리들은 얼마나 웃어댔던가. 얼마나 통쾌하고 즐거웠던가.

폭포의 중압감에 못 이겨 공중 비행하는 물고기들의 서커스를 우리는 바로 코앞에서 직시했고 폭포 속으로 막 튀어 오르는 물고기들을 잡아먹는 갈매기들의 군무는 날래고 예리했다.

우리와 이야기를 나누고 싶어 유람선 밖에서 기다리던 뚱뚱한 그 스위스인 모녀도 이따금 우리 생각을 할까?

한쪽 눈만 가지고도 그이는 불평 없이 넓은 세상을 보았다. 그런데 지금은 나머지 한 눈도 보이지 않는다.

아, 우리 생전에 그이가 과연 빛을 볼 수 있을까…….

옛것에의 그리움이 왈칵 솟구치던 굉음속의 오늘 아침, 언제 그랬냐는 듯 바람은 잔잔하고 햇살은 피어났지만, 물소리는 아직도 나이아가라인 채 온종일을 흐른다.

여기다 갈겨?

코로나19가 시작되던 2월 초순에 남편의 병원 예약일이 잡혀 있었다. 병원건물 끄트머리 초입에 펄럭펄럭 임시 비닐 대기실이 설치되고 와글와글 사람들은 여기저기 모여 서서 신변작성서를 쓴다든지 열을 잰다든지 마스크 착용 여부를 검사 받는 등 난장이 따로 없다.

아직 순서가 안 되었는데 하필이면 이때 남편이 소변이 급해졌다. 나는 그를 부축하고 출입구의 안내양한테 달려가 사정을 이야기했다.

그러나 임시 직원은 곧이곧대로 막무가내 안 된다고만…….

이때 가까스로 참고 섰던 남편이 벽력같은 목소리로 외쳤다.

"그럼, 여기다 갈겨?"

바지 지퍼에 손을 댄다. 순간 거짓말처럼 양쪽으로 사람들이 쫙 비켜서며 마치 홍해가 갈라지는 역사가…….

지금도 혼자 웃는 신기루 같은 그 한 컷!

남편의 주치의는 내 남편

시력만 안 좋을 뿐 뼈대가 튼튼하고 무엇이든지 다 잘 먹고 잠도 잘 자는 내 남편의 건강에 대해서 난 한 번도 의심한 적이 없었다. 그러나 나이가 칠십을 넘어서니 50년 피워온 줄담배의 니코틴이 폐암이 되어 4년 전에 수술을 받았다.

다행히도 초기에 발견되어서 항암치료는 없었지만 그것의 영향 때문인지 작년부터 남편은 조금씩 기침을 하고 으슬으슬 춥다고도 했다. 수술한 병원에 예약을 하고 X-레이 검사에 CT검사, 그것도 모자라 PET 검사 까지를 했더니 폐 쪽인가 어딘가에 안개같이 희뿌연 기체가 한 부분 퍼져있었다. 그것이 도대체 무엇인지를 모르겠다며 한 열흘 입원하여 주의 깊게 관찰 한번 해보자는 의사 제안을 남편은 단호히 거절했다.

'내 몸은 내가 제일 잘 안다.'며 자가치료를 선포한 남편!

다리도 아직 온전치 않은 아내를 수간호원으로 임명해 놓고 하루 세 시간짜리 도우미 한 명뿐으로 남편은 '자기몸 살리기 프로젝트'에 돌입했다.

코로나19는 세상을 강타하고 병원은 커녕 편의시설 조차 전혀 없는 산 중턱의 외딴집에서 나는 자의반타의반으로 PET촬영의 그 희뿌연 물체를 박살내기 위하여 전의를 불태웠다. 그것의 정체는 분명 50년 쌓인 니코틴의 독소라는 것이 남편의 주관이고 이것만

제거하면 몸속의 모든 질병은 깨끗하게 치유된다는 것이 그의 확신이었다. 남편은 몇 해 전부터 꾸준하게 민간요법으로 자신의 몸을 단련시켜왔다. 막대기나 주먹으로 가슴을 두드린다든지 발끝치기나 손끝치기나 손뼉치기 같은 쉽고도 간단한 원시적 방법으로 온몸에 자극을 주는 한편 안마의자나 벨트 등의 스트레칭 코스도 하루 한두 번 거르지 않고 꼭 실천해왔다

지나친 자기 확신의 소유자이긴 해도 반백 년을 함께 살면서 지켜본 나의 남편은 몇 차례의 사업실패는 했었지만 뛰어난 통찰력과 예리한 직관력으로 종래는 멋지게 사업을 성공시켰다. 그리하여 나는 그이 나름대로의 자가치료법에도 기대를 건다.

막대기 등의 쉬임 없는 자극은 마침내 몸 안에 내재 되어있는 니코틴 독소를 흔들어 깨운 듯 3월부터 그의 몸에서는 진하디 진한 가래와 기침, 재채기 등이 쏟아져 나오기 시작했고 대소변이나 지독한 가스 등으로 배출되는 독소의 역겨운 냄새는 결국 50년 결혼생활 중 마지막 한 달을 남겨놓고 각방 쓰기를 초래했다.

근육은 없어지고 뼈마디가 다 녹아내려 앙상한 몰골로 변해버려서 나는 와락 겁이 났는데 정작 본인은 의연하여 옆에서 뭐라고 말하기도 어렵다. 체중이 급속하게 절감되고 식사도 할 수가 없었을 때 인근병원에 가서 고단백 링거 한번 맞은 것 뿐, 오늘까지 10개월에 이르도록 그이는 병원에 아직 한 번도 가지 않았다.

걷잡을 수 없던 가래 기침이 잦아들고 입맛도 돌아오니 요즈음은 오랜만에 집안에 활기가 돈다.

그러나 또 다른 문제가 하나 더 있는데 그것은 예까지 오는 중간에 호흡곤란이 왔던 것이다. 그러나 코로나19가 창궐하는 이 시기

에 병원에 가는 것도 부담되어서 남편의 주치의인 내 남편 말만 믿고 따르기로 했다. 움직이지 않은 몇 달 동안의 병상생활이 근육을 없게 만든 것이고 호흡곤란도 일어나 산책만 시작하면 폐활량도 늘고 좋아질 것이란다. 헌데 산 넘어 산이라고 이번에는 시력이 완전히 바닥을 쳤다. 열망한 대로 병원침대에 눕지 않고 본인의 의지로 투병에서 회복단계로 들어섰지만 눈이 전혀 보이지 않으니까 움직이기가 겁나고 싫다. 그러나 이 또한 때가 되어 몸 안의 독소가 다 빠지면 눈도 열리게 되어 있으니 조금 더 수고하라고 부탁하는 남편이 더없이 고맙고 미덥다.

되돌아보면 하룻강아지가 범 무서운 줄 몰라서 호흡기와 직결되어 있는 위험한 순간순간을 겁 없이 모면했다. 만약 기도에 가래가 눌어붙어 잠시라도 고착화되었다면 숨이 막혀 목숨을 잃는 것은 뻔한 이치다. 몸속의 이물질들을 역류시켜서 모두 다 뱉어냈던 순간순간은 그야말로 사투였다. 그 치열했던 과정을 이제사 생각하면 아찔하다.

"당신 혼자 두고 가기 싫어 내가 살아났지....기필코 극복해내리라 결심했었다구……."라고 고백하는 그이의 말을 나는 믿는다.

그리고 "니코틴 독소가 내 몸에서 완전히 사라지는 날이 내가 세상의 빛을 다시 보게 되는 날"이라고 말하는 그이의 믿음 또한 남들은 의심해도 나만은 믿는다.

2부

가족 이야기

걸레를 든 마릴린먼로

자랑스러운 나의 아들, 남준과 남석에게!

아빠와 가게 일을 교대하기 위해 12시 반쯤 현관문을 나서면 엄마는 마치 지금부터가 하루를 여는 시간인 양 신선감을 느낀다. 정작은 아침부터 집안청소며 세탁, 저녁까지 준비해놓고 나서는 판이면서 말이다. 집 앞 골목을 지나 큰길 쪽으로 내려오면 막 오전 수업을 끝낸 하굣길의 꼬마들이 인도에 넘쳐난다. 천진스런 아이들의 모습 위로 이제는 옛날이 되어버린 어릴 적 엄마 얼굴을 포개 상상하며 혼자 미소 짓곤 한다. 학교 앞을 지나 몇 미터 걸어가면 횡단보도, 파란불이 켜지길 기다리는 동안 양쪽으로 하얗게 죽죽 그어진 횡단보도의 한가운데 선을 눈여겨보아 둔다. 빨간 불이 꺼지면 사람들이 일제히 길을 건너기 시작한다. 엄마도 눈 여겨 두었던 그 한가운데 일직선을 따라 걸음을 옮겨간다. 차이코프스키의「호두까기 인형」이나 하이든의 사중주곡「종달새」를 콧노래로 부르며…….

차량들이 즐비하게 대기하고, 서 있는 두 개의 횡단보도를 유유히 걸으면서, 또 인도의 마름모꼴 보도블록의 꼭짓점만을 똑바로 골라 딛다보면 엄마는 어느새 아름다운 걸음새로 유명한 마릴린먼로가 되어있다. 비록 한쪽 손에는 물걸레가 들어있는 쇼핑백이 들려있지만. 이음고 서빙고 역전으로 오르는 돌층계 앞, 계단 수가 많

을수록 더욱 날씬해질 수 있다는 기대감은 예순두 개의 돌층계를 순식간에 올라가게 만든다. 마침 역구내에선 한가로운 정오의 음악이 흐르고 있구나.

아파트 쪽으로 연결되어 있는 기다란 육교, '전기위험'이란 팻말이 붙어있는 높다란 철책의 나지막한 그림자는 나로 하여금 또 한 번의 마릴린먼로를 연출케 한다. 내려오는 층계 수는 마흔두 개. 그 끄트머리에 잇닿아 왼편으로 우리 가게가 있잖니? 수천 가지 생필품이 진열된 우리 네 식구 생활근거지. 유리문을 열고 쏙 들어가면 오전 내내 수고하고 있던 나의 그이이자 너희들의 아빠가 환하게 웃으며 반겨주신다.

엄마 아빠의 삶의 여정에 '장사'라는 역할이 주어지리라곤 전혀 예상치 않았지만 하나님의 계획으로 믿고 수천 가지 상품들을 소도구로 삼아 충실하게 엄마의 배역에 최선을 다한다. 아빠는 집으로 들어가고 엄마는 가지고 온 물걸레를 꺼내 무대 위를 닦기 시작한다. FM의 볼륨을 한껏 올려놓고……. 걸레를 든 마릴린먼로, 꿈과 현실을 동시에 품은 여자.

이것이 너희 엄마의 실체인 양 싶다.

석아, 나는 너를 사랑한다

나의 사랑하는 동생 남석에게.

석, 스물두 번째 생일을 축하한다.

어릴 적 나비넥타이를 매고 으스대던 꼬마가 어느덧 약관의 나이를 넘어선 청년이 되었구나. 너와 같이 걸어온 스물두 해……. 결코 짧은 세월이 아니지.

우리가 어렸을 때 모래내, 아니 화곡동 집에서 살던 생각이 난다. 어느 날엔가 우리 가족은 큰 고모네 집 옆 어딘가로 이사를 했지. 이삿짐을 다 나르고 짐 정리가 끝날 무렵 나는 새로 이사 온 우리 집으로 들어갔다.

거실이라고 말하기엔 너무나 작은 부엌 옆에 붙어있는 단칸방에 들어서니 어린 네가 그곳에서 곤히 잠들어 있었다. 그때 나는 처음으로 너와 내가 한 나무의 가지임을, 나의 하나밖에 없는 동생임을 인식했던 것 같다.

석아, 그 후로 너와 나는 다투기도 하고 싸우기도 하면서 자라 왔지. 한 살 차이라서 그럴까? 너는 아주 어릴 때부터 차돌같이 당찬 면이 있었다. 그런 너를 다루기엔 내가 너무 힘이 들었지.

너는 형의 말을 무지하게 듣지 않으면서도 때로는 어린 모습을 초월한 너무나도 어른스럽고 사려 깊은 모습을 보여 나를 놀라게도 하고 부럽게도 했다. 나에게 너는 얼마나 귀중한 존재인지…….

며칠 전 중대 독단훈련을 마쳤다. 2박3일의 훈련을 마치던 날 훈련장소인 정상에 올라 바로 눈앞에 있는 북녘땅을 내려다보았다. 내가 군인이 되지 않았다면 어떻게 이런 경험을 할 수 있었을까? 정상에서 부대로 철수하기 위해 우리는 화기를 어깨에 짊어지고 행군을 시작했다.

그런데 웬일일까. 화기의 무게가 어깨를 짓눌러 고통스럽다는 느낌이 들 무렵 난데없이 군 입대 바로 전날 네가 나에게 준 편지의 글귀가 생각났다.

"내가 가장 사랑했던 사람은 경아 누나도, 시내도 아닌 바로 형이었음을……."

형을 군대에 보내면서 쓴 너의 편지. 나는 너무나 벅차오르는 감격과 환희로 눈물을 흘리며 걷고 또 걸었다. 아마도 그 눈물은 내가 이 세상에 태어나서 흘린 어떤 눈물보다도 값지고 귀한 것이었을 게다.

형은 지금까지 살아오면서 너에게 한 번도 진지하게 사랑의 표시를 한 적이 없는 것 같다. 부끄러워서였을까, 아니면 어색해서였을까?

자라면서 내가 오히려 철없이 굴었던 적이 많지 않았니? 그래서 네가 서운했던 적도 많았을 게다. 하지만 그런 나를 너는 그때마다 잘도 받아주더구나. 생각해 보면 너무나 철딱서니 없는 형이었던 것 같다.

8개월간의 군 생활은 나를 얼마나 변화시켰을까? 제대를 한 후에는 온전한 형의 모습을 갖출 수 있을까?

석, 왜 이리 편지 한 장 쓰기가 힘드냐. 벌써 이 편지 시작한지가 사흘째인데 여기까지밖에 못 왔다. 얼마 안 있으면 휴가다. 그때 우리 진지하게 대화를 나눠보자…….

얘깃거리 많이 준비해놔라.

- 1993. 12. 1. 형 남준으로부터.

텔레비전 VS 바둑판

"아빠, 아빠한테 바둑 좀 배우려고 이걸 하나 샀는데요…….

며칠 전 작은 아이가 TV 앞에 앉아 있는 제 아버지한테 못 보던 바둑판 하나를 들고 나와 펼쳐 놓았다.

"그러냐? 잘했구나."

흘낏 보니 아빠의 입가에 알 듯 한 미소가 스쳐 지나갔다.

"그래, 어디 한 판 두어 보자."

녀석의 의중을 금방 꿰뚫어 본 남편은 TV를 곧바로 끄고 바둑판 앞으로 다가가 앉았다. 부자가 서로 마주보고 앉고 큰 녀석은 옆에 앉았다. 나는 재빨리 과일을 깎아다 날랐다.

작은애가 열세 살 때 우리는 새로 지은 아파트로 이사했다. 새 집에 어울리는 새 가구로 하나씩 하나씩 헌 가구를 바꿔 갈 무렵, 어린 녀석이 TV는 바꾸지 말고 이참에 아예 없애자는 제안을 했다.

아파트 평수가 넓다보니 서로 부딪치는 횟수도 적게 됐고 또 TV 앞에만 모여 앉게 되니 재미가 없다는 것이었다. 우리 모두 TV가 득보다는 실이 더 많다는 사실을 인정하고 있었던지라 즉시 가족회의를 열었다. 결국 헌 TV는 아파트경비실로 쫓겨나게 되었고, 우리 집에서 열린 반상회 때는 55평짜리 아파트에 살면서 TV가 없다는 사실이 큰 화제가 되었다. 아이들 친구 사이에서 우리 집은 괴짜 집안이었다.

그러나 심방을 오셨던 목사님께서는 5월의 가정주간 설교주제로 TV 없이 사는 우리 집 이야기를 선택하셨다. 더러는 여러 사람의 화제에 끼이지 못하는 당혹감도 없지 않아 있었고 어쩌다 손님들이 오셨다가 하룻밤 묵고 가실 때 TV가 없음을 답답해하던 일 말고는 우리 나름대로의 삶의 방식에 자부심을 갖고 살아왔다.

그런데 아이들이 막상 고3이 되었을 때 적이 난처한 일이 벌어졌으니 그것은 TV 과외의 필수성 때문이었다. 어쩔 수 없이 우리는 세운상가 4층에 가서 허름한 흑백 TV 한 대를 구해다 놓았고 그것으로 연년생 두 녀석은 차례차례 대학에 들어갔다. 그리고 2년 후 TV는 곧바로 치워졌다.

작년 여름, 바르셀로나 올림픽을 눈앞에 두고 TV를 구입하자는 얘기가 돌기 시작했다. 이번에도 역시 작은 녀석의 맹렬한 반대에 부딪쳤다. 하는 수 없이 TV를 없앨 때와 마찬가지로 가족회의에서 투표로 결정하기로 하였다. 두 명은 찬성이고 한 명은 반대이며 한 명은 기권이었다. 그래서 어느 날부터인가 우리 집 거실 한복판에는 18인치 칼라 TV 한 대가 떠억하니 자리를 차지하게 되었다.

제 형보다 앞질러 군에 입대했던 작은 녀석이 이제 머지않아 동방위병으로 제대하게 될 즈음 이번에는 큰 녀석이 현역으로 군에 입대하게 되었다.

망막 박리수술에 실패하여 한 쪽 눈의 시력에 장애가 오고 있는 제 아빠가 여전히 TV 앞에 즐겨 앉는 모습을 그렇게도 안타까워하던 작은 녀석, 군복무 기간 동안 헤어져 살아야 할 형과의 시간이 한 조각이라도 아까운 작은 녀석, 드디어 바둑판을 들고 나와 TV와 한판 승부를 겨룰 모양이다.

큰아들을 입대시킨 후

큰애를 현역에 보내놓고 한 달 보름이 되었다.

군악대가 연주하는 고별가 속에서 녀석은 빡빡머리를 숙이고 같은 처지의 동료들 틈에 섞여 연병장 뒤로 사라졌는데 그때를 생각하면 나는 지금도 눈물이 핑 돈다.

아이를 군에 보낸 어미의 마음은 생각처럼 그렇게 단순하지가 않아서 오랫동안 마음이 아팠다. 입대할 때 집에서 입고 나갔던 옷가지가 팬티까지 몽땅 벗겨져 어느 날 소포뭉치로 내 앞에 떨어졌을 땐 나는 무슨 큰 사고나 난 것처럼 목을 놓아 울었다.

보름쯤 지나서 날아온 녀석의 첫 번째 편지! 집 떠나 살아보니 가정의 소중함이 절절이 느껴진다는 사연과 함께 새롭게 태어나겠다는 의지가 적혀 있었다. 어버이날에 맞추어 두 번째의 편지가 오고 군부대 측에서도 군복 차림의 아이 독사진을 동봉해 보내와 오십대 갱년기와 맞물린 허전함에 큰 위로와 안심을 전해주었다.

때마침 고향에서 고등학교 졸업 30주년 기념축제가 열리게 되어 재경동문들과 어울려 하향했다가 돌아오니 기분이 한결 산뜻해져서 오늘에야 비로소 큰애가 떠난 빈 방을 정리하기 시작했다. 서가를 정돈하며 녀석의 앨범을 펼쳐 보았다. 고추 내 놓고 찍은 백일사진, 함박웃음의 돌잔치 사진, 피아노 연주회 때의 독사진, 해변가의 수영복 사진, 대학 입학식 때의 긴장된 표정의 사진, 신사복을 처음 입고 품 잡은 사진, 입대 전날의 가족사진……. 시간가는 줄 모르고 몇 권이나 되는 앨범을 들여다보다 맨 나중에 엊그제 받은 거수경례의 군인사진을 붙였다.

이제 내 아이는 정말 이 나라의 국토방위를 담당한 어엿한 국군이란 말이지? 인간 본성이 가장 리얼하게 나타난다는 그 군대란 곳에 지금 들어가 있단 말이지? 저마다 개성이 있고 또 각기의 특성이 있지만 녀석은 유달리 예술가적인 고집이 있어 나는 다소 생활인으로서의 녀석을 염려했다.

이제 내가 바라는 마음은 2년 2개월의 군 생활을 통하여 체력과 인격이 재구성된 그 애의 새 모습을 보게 되는 것이다. 녀석이 없는 동안 어미인 나도 인간 수련을 위해 나를 가꾸어 좀 더 성숙해진 녀석을 맞아들일 때 조금도 손색없는 그 아들의 어머니가 되어 있으리라.

큰손자의 편지

며칠 전 일요일, '아들 손자 며느리 다 모두 모여서 개굴개굴 개구리' 노래를 했다. 내 남편의 생일이 어제인데 아이들 등교일이어서 3일 앞당겨 모인 것이다. 식사를 하고 케이크에 촛불을 밝히고 '생신 축하합니다' 입을 모아 축가를 부르고……. 은은한 촛불에 비친 남편의 얼굴은 더없이 만족하고 행복해보였다. 자손들로부터 여러 가지 선물을 받았지만 남편은 큰손자 원이가 쓴 생일카드에 깊은 감동을 받는 듯했다. 녀석은 카드에 이렇게 적었다.

"긴 길의 어느 곳
할아버지께서 서 계신 그곳은 정말 아름답고
할아버지께서는 정말 멋있으세요.
험난한 길은 지나가고 이제 아름다운 길만 남아있기를…
또 긴 길의 끝에 온전한 행복이 기다리고 있으시기를…"

할아버지를 언제나 응원하는
- 손자 원 드림.

그 애가 아니라 애아버지요

병상에 누워계신 시어머님을 모시고 한참 장난이 심해진 연년생 아이들 틈바구니에서 넉넉지 못한 살림에 시달리는 올케가 딱하다고 막내시누이가 저녁식사에 초대를 했다.

어떤 것에도 내키지 않던 내 마음, 그러나 시누이의 그 따사함이 고마워 시아버님을 모시고 큰아이랑 집을 나섰다.

동자동에서 차를 내려 후암동으로 가기 위해 육교를 올라서는데 제일 꼭대기 계단 위 맞은편에서 막 올라온 어떤 남자와 딱 마주쳤다.

"엇, 민서현 씨 아닙니까?"

그 남자는 반색을 하며 내게 말했다.

"어머, 안녕하세요?"

퍼뜩 스치는 얼굴. 20여 년 전 고향인 대전시에서 같은 학교를 다니던 초등학교 동창생의 얼굴이었다.

반에서 키가 제일 작던 아이, 입 가장자리가 항상 허옇던 아이, 번번이 문질러 댄 콧물로 소매 자락이 언제나 반들거리던 그 애, 머리카락은 어느 때고 밤송이 마냥 빳빳이 위로 치솟아 있었고 목소리는 또 어린애가 그리도 탁했었는지…….

그 아이가 지금 어른이 되어 나와 마주 서 있는 것이었다. 한눈에도 금방 알아보게시리 옛 분위기 그대로 간직한 채.

사내아이 계집아이의 부끄러움도 없이 고무줄을 면도칼로 끊어놓고 달아나던 심술꾸러기들, 다 이긴 '땅뺏기'를 뭉개 흐려놓던 머슴애들, 공깃돌을 채트려 뒤통수를 쏘아 맞히던 지긋지긋했던 남자애가 어쩜 이리도 반가울 수 있을까!

잠시 동안 우리는 서로 바라보기만 했다. 그러다가 그가 내 아이를 발견하곤 얼른 말문을 열었다.

"아들입니까?"

"큰애에요, 지금 다섯 살……, 밑으로 또 하나 있어요."

"아, 그래요? 저도 둘입니다."

그와 나는 마주보며 새삼 미소 지었다.

"지금 무슨 일을 하고 계세요?"

자주색 티셔츠에 청바지 차림의 그를 보며 조심스레 물었다.

"네, S사대에 시간으로 나가고 있고 국립교향악단 바이올린주자로 일하고 있습니다."

"아니, 그럼 음대 나오셨단 말이에요?"

뜻밖에도 그는 나와 같은 음악을 공부했다.

"아이 아빠는?"

이번에는 그가 물었다.

"네, 자기 사업을 하는데 신통치 않아요."

거짓을 모르던 어린 시절 그대로 나는 담백하게 대답했다.

"아, 그렇습니까? 산다는 게 모두 굴곡의 연속이지요. 곧 풀릴 겁니다, 기운 내세요, 김종원이 아시죠? 지금 그 녀석 S그룹에 있어요."

"김종원? 김종원이라……."

나는 고개를 갸웃했다. 실상 나는 나와 이야기하고 있는 이 장본인의 이름도 생각이 안나 애타는 판국인 것이다.

"김종원이 몰라요? 아, 당신하고 나하고 사범부속 동창 아니오?"

그는 갑자기 내가 혹 자기를 못 알아본 채 어정쩡한 상태에서 상대하고 있는 게 아닐까 하는 눈치였다.

"그래요. 누가 몰라보고 있는 줄 아나 봐. 아, 그 애? 급장하던 아이 말이죠? 학교 밑에 살고 학예회 때 늘상 하모니카 불던 애……."

"맞아요, 맞아. 그 녀석이 지금 S그룹에서 실세에요. 그런데 그 애라니, 애아버지 보고……."

그는 농담을 했다.

"그럼 그 어르신네 할까?"

우리는 티 없이 맑게 웃었다.

"자, 그럼 우리 또 만나요. 우리 시아버님 기다리시겠네."

"그럽시다, 어서 가보세요. 꼬마야 안녕……."

어느덧 우리는 육교의 끄트머리까지 걸어와 있었다.

그래서 아쉬움을 안은 채 제각기 반대의 층층대로 갈라졌다.

이때 나는 문득 내 답답한 가슴속이 확 하고 맑아지는 소리를 들었다. 이상하게도 두 눈에 생기가 돌아오고 싱싱한 젊음의 맥박이 고동쳐 오는 것이었다. 걱정 근심이란 걸 모르던 어릴 적 동무는 빛바래 가는 내 영혼에 푸르른 신선감을 가득 부어주고 홀연히 떠난 것이다.

기다리고 계신 아버님한테로 가는 내 발걸음은 한결 산뜻했고 잠시 후 시누이가 사는 집골목 어귀에 다다랐다.

아이는 깡충깡충 앞질러서 저 만큼 앞서 뛰어간다.

사위에게 보낸 37년 전 장모님 편지

내 둘째 여동생의 남편은 온화한 성품에 귀족적인 용모의 소유자이다. 게다가 든든한 재력이 있고 효심마저 지극하여 생전의 내 어머니에겐 아들 이상의 존재였다.

며칠 전, 이제 저도 나이가 육십이 넘었다며 해묵은 편지들을 정리하던 셋째 여동생이 자기 남편에게 보냈던 생전의 어머니 편지글을 발견하고 맏언니인 내게 그 전문을 보내왔다. 어머니가 떠나신 지 어언 16년…….

대학교수 남편의 내조자로서의 삶에만 만족하지 않고 당신도 정년까지 공직생활을 하신 내 어머니를 우리 5남매는 모성보다는 '자아실현이 강한 여자'라고 서슴지 않고 비난 했었다. 그러나 우리가 자식을 낳고 그 애들을 결혼시키고 손자를 보면서 생전의 어머니를 차츰 재조명하게 되었는데 동생 남편에게 보냈었다는 이 시 한 편은 새롭게 내 가슴을 강타한다.

우리의 셋째 사위에게

시름 속에 잠자는 그 어느 날 아침,
용감한 청년 하나 나를 깨우며

고개 숙여 정중히 셋째를 달라고…
어딘지 모르게 촌티가 숨었으면서도
신중한 용모가 박절하게 떼지 못하도록
어리다기엔 철이 들어 보이고
철났다기엔 귀엽게만 보이던 그 신랑감

나의 환경 속에서 아직도 멀었다고 생각한
셋째가 좋아져서 보낸 그 청년인데
부모의 말은 지상명령이라 생각하던 그 애가
갑자기 시집을 가겠다니
정신없는 중에도 너의 발길이 그곳으로 돌려진다면
너는 너의 길을 가라고…
그 누구보다 아름답게 누구보다도 귀티어린 두 사람의 결혼식은
전생에서부터 약속된 지상의 천사들이여라
어느 덧 사랑의 씨앗 맺어 첫 탄생 아기 상민이라 이름 짓고
잔디 위에 거니는 북성의 총수여
명 길고 복 많아 복지만리 이 땅에 이룩하라
두번째 잉태를 고하는 그 신랑은
어엿한 사장으로 북성을 지키는 등대지기
거룩하고 아름다운 사랑의 마음을 알아주는
내 딸이 있어 더욱 빛나리라

인생 과정의 율법에 따라
아들 낳고 딸 낳고 오손 도손 살고 지고

황금의 노예도 열정의 노예만도 아닌
중용의 길을 걸어가며 영원히 행복하라
아들도 딸도 나의 자손인데
더 잘되고 덜 되고가 없으련만
노년에 접어드는 황혼을 맞고
항시 살아계실 줄 믿었던 친정어머니를 여읜 쇼크 속에
내 주변에서 맴도는 자손이 더 그리움은
사람의 상정이라나…
부디 더도 덜도 아닌 이상으로
용감했던 청년은 풍요한 장년으로
성장하기 기원하노라

- 1978. 7. 24

시집보낸 딸의 결혼 3주년을 맞으며

별난 할머니의 손자 사랑법

11박12일 중국여행을 다녀온 작은손자가 용돈을 아껴서 할머니 할아버지 선물을 사왔다. 중학교 과정 대안학교 졸업반인 손자 윤이는 심지가 깊고 영민하지만 자기 표출을 확실히 하고 살아가는 신세대 기수다.

별난 할머니 할아버지는 이런 손자의 개성을 존중하고 응원한다. 그런데 이 녀석 아주 큰 돈 썼네. 할아버지한테는 향수를, 할머니한테는 머플러를……. 할머니가 너무 멋쟁이라서 혼자 정하기 겁나서 친구들 여럿이 함께 골랐다고. 어린 마음에 얼마나 마음 졸이고 가슴 설레었을까……. 그런데도 이 별난 할머니는 '그래, 우리 윤이 정말 신통하다. 할머니가 뭐 사줄까?'하고 묻지 않았지? 그러나 윤아, 사랑스런 우리손자. 할머니는 이렇게 만천하에 네 선물을 공개하는 것으로 선물에 보답하고 싶어. 고맙다. 정말 자랑스러워.

P.S : 내일 밤 11월 1일 9시 30분에 KBS 라디오 93.1mhz '정다운 가곡' 시간에 할머니가 노랫말 쓴「그대의 은발」이 방송된다. 이곡 발표 하던 날 너희들 모두 참석했었지? 전파를 타고 방방곡곡으로 울려 퍼지는 '그대의 은발!' 그날과 다른 새로운 울림으로 다가온단다. 꼭, 들어보렴.

네 자매

"환갑잔치 소회!"

열세 살 때 늦둥이 막내 동생을 업어 키운 큰언니는 '자신의 등에 업은 어린 동생의 뜨끈했던 오줌'을 인생의 훈장처럼 동생들에게 늘 자랑하곤 했었지요. 그 아기가 자라서 환갑을 맞으니 큰언니의 감회는 남다른 듯……. 그 감동을 차마 뺏을 수 없어 나는 기꺼이 오늘의 모든 실권을 내어주고 진심어린 감사기도를 시작으로 맛난 밥을 먹었지요. 어려운 환경 속에서 찬란한 꽃으로 고고하게 피어난 한 송이 환갑화를 보면서 정말 업어 키운 보람이 있을 것 같은 생각에 덩달아 신나던 하루였습니다. 거룩할 만큼 치열하고 진지하

게 살아가는 자매들이 제 곁에 있기에 나의 삶은 이 추운 날도 따뜻할 수 있어요. 그래서 모두에게 다시 감사합니다."

며칠 전 막내 동생이 예순한 살 생일을 맞았기에 내가 오늘 점심을 샀더니 헤어진 후 셋째가 이런 카톡을 보내왔다.

"한식집이라 해서 장판 바닥인줄 알고 멋쩍기는 하지만 각자 한 번 이상은 업어 키웠던 성님들께 큰절 올리고 환갑 신고식 하려고 했는데……."(이하생략!)

대덕연구단지에서 달려온 주인공 환갑녀는 또한 이러한 답톡을…….

부모님 돌아가신지 10년이 넘고 보니 어느 사이 나는 나도 모르는 사이에 동생들의 둥구나무가 되어 있었다.

날이 갈수록 황폐해지는 현세의 가족 관계에서 서로를 인정하고 격려하는 우리 네 자매의 응집은 황혼의 윤활유요. 크나큰 즐거움이다.

대한민국 육군 장병의 모친

"아니 이게 나에요?"

나는 깜짝 놀라면서 외쳤다.

쇼크! 정말 쇼크였다.

"아니, 이게 정말 나에요?"

똑같은 말이 되풀이되어 튀어나왔다.

'요 맹꽁아…….' 스스로를 질책하며 나는 다시 한 번 자세히 사진을 들여다보았다. 여간첩 현상 수배 전단에나 나붙음직한 억세고 꺼칠한 여자가 거기 있었다. 기가 찼다. 나이 들면 사진 찍는 것부터 싫어진다더니…….

"사모님은 실물이 훨씬 좋으십니다. 즉석 사진은 수정이 전혀 안 되어 나오기에 손님들 마음에 드는 경우가 흔치 않지요."

사진관 주인이 나를 위로했다.

마감 시간은 가까워오고 하는 수 없이 그 사진을 가지고 동사무소로 갔다. 젊은 동직원은 내 주민등록증 사진과 여간첩 사진과 내 얼굴을 차례차례 자세히 살펴본 다음 이윽고 내게서 도장을 받아 서류 위에 그것을 꽈악 눌러 찍었다. 그런 다음 일어나 서류철로 가더니 내 개인신상기록부를 뽑아가지고 왔다.

책상 위에 펼쳐진 내 개인기록부에는 향기로웠던 이십대의 사진과 우아한 미소를 머금은 삼십대의 얼굴이 붙어있었다. 그리고 이제 그 옆으로 저 여간첩 같은 사진이 붙여지고 있었다.

'이 사진이 아주머니가 확실합니까!'

한 번쯤은 이렇게 물어 주기를 은근히 기대했으나 동직원은 풀로 붙인 간첩 사진을 손바닥으로 탁 치고 나선 "인감재등록 다 되었습니다."라고 했을 뿐이다.

주욱 나열되어 있는 내 얼굴의 변천사를 일별한 나는 마치 못 볼 것을 훔쳐본 사람이 도망치듯 그곳을 빠져나왔다. 동사무소 문이 닫히며 큰 유리 창문에 내 모습이 비쳐졌다. 적당히 넉넉해진 중년의 여인! 픽 웃음이 나왔다.

'나는 이제 대한민국 육군 장병의 모친이 아니시던가?'

얼마 전에 군에 입대한 작은 녀석의 얼굴이 생뚱맞게 그 순간 떠오르면서 내 현주소를 깨닫게 되었다.

나는 차들이 씽씽거리며 지나가는 큰길로 천천히 걸어 나왔다.

할머니 생각

외아들이었던 오빠를 장가들인 우리 집안은 선달 그믐밤에도 손님치레에 정신이 없었다.

막내 의현이가 평소의 어리광을 싹 지워버리고 잽싸게 어른 한 사람 몫을 단단히 해치웠는가 하면 셋째 주현이도 그 기다란 키를 바짝 줄이고 앉아 접시에 음식을 갈라 담기 분주했는데, 둘째 정현이만은 제일 아랫목 차지를 하고도 모자라서 어깨에 오버를 걸치고 앉아 신선로에 넣을 은행, 밤, 대추 등이나 깔짝댄다.

대문에 들어서는 손님 안내부터 방안을 들락거리는 일은 전부가 꽃자줏빛 한복을 차려 입은 맏딸인 내 차례였다.

이 집안의 안주인인 어머니는 밖에서 뭐가 얼마나 모자라고 뭐가 어떻게 되는지는 도통 상관없이 “애 큰애야, 여기 안주 좀 더 가져오고 술도 좀 가져오렴.”하며 아버지 곁에 나란히 앉아 손님들과 어울려 웃기나 하신다.

얼마 전까지만 해도 내 친구였던 연수가 오늘은 오빠와 더불어 주인공으로서 색동옷 곱게 단장하고 있다가 안에서 부르면 오빠와 같이 들어가 인사를 올린 후 손님 잔마다 찰찰 술을 따른다.

며칠간 계속된 잔치가 끝난 새해 아침, 가족끼리 연 총평회 자리에서 아버지로부터 특등 공로훈장을 수여받은 건 다름 아닌 우리 할머니였다.

비록 등이 굽은 모습이긴 하지만 직접 보지 않고는 믿을 수 없을 만큼 눈부신 흰 피부에 드물게 아름다운 용모를 갖추신 할머니! 밤새워 음식을 준비하신 것은 물론 치마폭에 슬금슬금 싸 감추는 동네아줌마들의 손 단속에 이르기까지 할머니의 눈길이 미치지 않은 곳이 없었다.

열세 살의 어린 나이로 천안군 제일가는 갑부의 둘째 며느리로 시집온 할머니는 그 후 15년이 지난 어느 날 갑자기 비극의 여인으로 뒤바뀌고 말았다.

직산면에 최초의 학교를 설립해놓고 안동군수 사령장을 눈앞에 둔 낭군님이 하룻밤 사이 별안간 식중독으로 세상을 떠난 것이다.

새댁의 나이 그때 겨우 스물여덟! 신랑과 동갑으로 슬하에는 다섯 살짜리 재정과 두 살짜리 재조, 두 아들이 있었다. 부잣집의 호된 시집살이는 신랑 신부를 각방으로 떼어놓았기에 어쩌다 대청에서나 부딪칠 때면 그나마 부끄러워 서로 기둥 뒤에 숨어 버리곤 했다고 한다.

그렇다고 부부 사이에 어찌 정이 없었으랴? 영영 가버린 지아비를 그리며 젊은 아내는 춘하추동 그 긴긴밤을 얼마나 울며 세웠을 것인가!

다행히도 아들 형제는 머리가 특출한데다가 효성이 지극하여 마을에 칭송이 자자했다. 도지사상을 받으며 중학교를 졸업한 둘째아들은 경성법학전문학교에 들어가서 사각모를 쓴 채 어여쁜 신여성을 아내로 맞았으니 바로 지금의 우리 아버지, 어머니다.

할머니는 다분히 정치색이 짙다. 귤이니 곶감 등을 비닐봉지에 꽁꽁 싸서 새 손자며느리 방에 살짝 넣어주며 다른 애들이 보기 전에 얼른 감추라고 눈짓해 놓으시곤 내게 오셔서도 은근한 목소리로 곶감을 주시는 것이다.

할머니는 일 년에 열두 번도 더 기차 여행을 하셨다. 그것도 꼭 3등 완행열차로 말이다.

아들네로, 동생네로, 손자네로, 고향집으로. 거기에다 종손네와 수양아들네로까지. 여기저기 들르시다 우리 집에도 불쑥 예고 없이 나타나시는데, 그때마다 쓰고 다니는 괴상야릇한 조바위보다 더 야릇한 보따리 안에선 꿀에 뭉친 튀밥덩이, 구운 오징어다리 한 쪽, 시어 빠진 밀감 한 쪽, 제상에나 놓는 오색 물감을 들인 사탕 등, 이 세상에서 흔히 볼 수 없는 희귀한(?) 것들이 마구 쏟아져 나온다.

그러면 어머니는 "요건 어디서 쌔비해온 거, 저건 어디서 쌔비해온 거."하시며 쨍알쨍알 웃지만 우리들은 꼬작꼬작 먼지 묻은 별의별것들이 어찌나 맛있던지 군침을 삼키며 연신 집어먹기에 바빴다.

"어디 쌔비해온 거 맛 좀 볼까?"

정신없이 먹어대는 우리들을 바라보기만 하던 어머니도 이윽고 한 무릎 다가앉아 보지만 곧 '아이쿠 셔라.'하는 비명과 함께 입에

댔던 밀감을 내려놓고 저만큼 도망쳐버리신다.

어머니는 갓 시집와 처음으로 맞는 할머니 생신 때도 생일 케이크에 캔들을 사 들고 찾아갈 정도로 신식 며느리였다.

친정어머니보다 더 알뜰하게 과부 시어머니를 섬겼던 어머니는 언젠가 할머니께 두루마기 옷감을 한 필 선물했다. 그런데 할머니는 그것으로 당신 옷은 짓지 않고 아들의 한복을 지어 보내오셨단다. 지극한 모성애의 발로는 며느리를 토라지게 만들었고, 어머니는 그것 때문에 한동안 꽁했던 것 같다.

할머니는 명문에 명필이셨다. 할머니가 네 살 때, 할머니의 어머니는 한쪽 손에 회초리를 들고 어린 딸한테 언문을 가르치셨단다. 하루 사이에 한글 전체를 익힌다는 건 불가능한 일이었을 텐데도 증조할머니는 어린 딸을 겨울밤의 싸리문 밖으로 내쫓아버렸단다. 눈바람 속에서 오들오들 떨며 밤을 지새다가 네 살배기는 마침내 한글을 환하게 깨치는 기적을 얻었다.

미국서 살고 있는 큰손자 큰손녀 내외와 국제우편을 교환하고, 손수 만들어서 가지고 다니는 조그만 노트에는 아들 손자 집 전화번호를 위시해서 일가친척 이웃 간의 주소까지 보기 좋게 적혀 있다.

"할머니, 제가 말예요, 할머니 얘기를 글로 써서 세상 사람들한테 보이려고 하는데 그래도 괜찮지요?"

"내 얘기를 쓸 게 뭐 있어야 말이지. 팔십 평생 수절하고 영감이 언제 죽고, 이런 거나 쓰려고? 그러면 세상 사람들이 뭐 배울 게 있니? 하지만 쓰고 싶다면 네 마음대로 하려무나."

그러나 5분도 채 안 돼 할머니는 다시 내 방으로 건너오셨다.

"에이 아무래도 안 되겠다. 그 쓸데없는 얘기 적는 것보다 한 줄의 유익한 글이 낫다. 내 말 받아 쓰거라."

할머니는 청산유수로 읊기 시작했다.

"적덕지가(積德之家)는 필유여경(必有餘慶)이요, 적악지가(積惡之家)는 필유여앙(必有餘典)이라. 여자는 온유 겸손을 실행해야 한다. 참지 못할 일이라도 참으면 기쁨의 열쇠라 하셨으니 늘 참을 인 자 셋을 생각하라. 마음을 악하게 쓰면 악한 일이 생기고 선하게 쓰면 선한 일이 생긴다. 일가(一家) 간은 돈목(敦睦)해야 되느니라."

내가 혹 잘못 받아썼을까 싶어 할머니는 한 자 한 자 짚어가며 자세히 검토까지 하셨다.

오빠 결혼식 때 너무 무리한 탓이었는지 할머니는 그 후 코피를 쏟으셨다. 노인의 코피를 심상치 않게 여겼던 아버지가 약을 지어다 바쳤더니 할머니는 한숨만 푹푹 내쉬었다.

"애비야, 여기엔 약이 아무런 소용이 없단다. 산에서 직접 해 온 나무를 땐 솥 그을음을 긁어모아다 다려 먹으면 코피가 멈추겠는데……. 하지만 요즘 세상에 어디 나무들을 때야 말이지……."

대학교수 아들은 어머니의 코피를 낫게 해드리려고 동네방네 문을 두드리고 다녔지만 이미 연탄이 보급되었던 그 시절에 산 나무를 땐 솥 그을음은 불로초만큼이나 찾아내기 힘든 것이었다.

멀리 유성 쪽의 깊은 산속 마을까지 원정 나간 아버지는 한 움큼의 솥 그을음을 구하는 데 성공했고 희한하게도 그 그을음을 달여 잡수신 후 할머니의 코피는 멎었다.

우리 집의 부귀영화를 위해 촛불 아래 정한 물을 떠 놓고 두 손 모아 정성을 드리던 대보름날의 할머니 모습이 지금 이 글을 쓰는 동안에도 나의 뇌리에서 떠나지 않는다.

콩새가 토낀 집

'여기가 어딘고 하니 탄방동 집, 기와가 파란색으로 바뀌고 그 널따란 마당에 원룸이 들어서고 집 한 채가 더 들어선 옛날 우리 집이야, 좁다랗게 담을 치고 땅을 모두 팔았나보군, 탄방동 볼일 왔다가 길을 잘못 찾은 바람에 806부대 자리에 지어진 아파트가 보여서 한 번 와봤어.'

지금 막내 동생의 이런 카톡과 함께 사진 한 장이 곁들여 올라왔다. 47년 전, 양가 친인척 모셔 놓고 성대한 약혼식에 댄스파티까지 했던 우리 커플인데 내 어머니는 해를 넘기면서까지 결혼 승낙을 하시지 않고 포기를 종용했다. 할 수 없이 나는 어느 날 토꼈다. 남자는 자기 동생을 대동하고 트럭을 몰고 와 피아노며 캐비닛이며 실어 올리고 집에 계셨던 내 외할머니는 지휘를 총괄하셨다, 서울서 직장생활을 하다가 대전 고향집에 끌려가 하릴없이 서울 하늘 바라보며 님 그리던 탄방동 집……. 용감하게 토꼈던 역사의 그 현장이다.

P.S : 그렇다고 혼전에 동거한 것은 아닙니다. 잘 살고 있던 막내 시누이가 방 하나를 내주어 결혼준비를 하다가 한 달 반 후에 결혼식 올렸어요. 울며 겨자 먹기, 부모님 안 오시고 배기나요?

아들 생일 날

"오늘은 전형적인 가을 날씨네. 46년 전 그 펑펑 쏟아지던 눈송이들은 다 어디로 갔나. 가게 나가기 전 우리 집에 와서 점심 먹지 않을래? 너희 가족끼리의 약속과 겹치지 않는다면……. 우리 아들로 너를 보내 주신 하나님께 새삼 감사하는 이 아침. Happy birthday to you!"

작은 아들의 생일인 오늘 아침, 이런 카톡을 보냈더니 아래와 같은 답톡이 왔다.

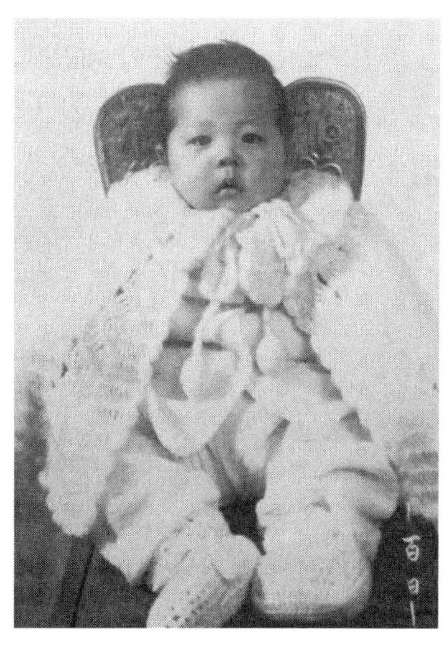

"어린 시절 생일을 유난스럽게 챙겨서 그런지 철들며 그런 게 없어지더라구요. 대신 어머니가 그러하신 것처럼 매일을 마지막 날인 듯 또는 생일처럼 지내자는 생각을 하게 됐지만 어머니 왜 이리 눈물이 날까요. 울면서 시작하는 마흔여섯 첫 날입니다. 말로 표현되지 못하는 죄송함, 안타까움, 때론 서운함, 제가 어떻게 해드릴 수 없는

아버지의 외로움…….

어제 한동안 마음 졸였던 일 한 가지를 해결했습니다. 이번 주엔 그런 일이 좀 있었네요. 그러면서 제가 들어선 레스토랑 IOU의 지난 2년을 돌아볼 수 있었습니다만 어머니 덕에 지난 인생까지도 돌아볼 뻔 했어요.

오늘은 백만 인의 축하를 받으러 광화문으로 생일케이크를 들고 갑니다. 엄마, 생일 기억해주고 마음 담긴 편지도 보내주고……. 고마워, 고맙습니다."

지금은 오후 2시 10분, 창밖에는 46년 전 오늘처럼 눈이 내린다. 그날처럼 소담스런 눈송이는 아니지만 그래도 나는 저 눈발 저 만치 아득한 곳으로부터 점처럼 작게 보이는 한 여자를 본다. 배불뚝이 혼자서 흰 눈을 펑펑 맞으며 동네병원으로 향하던…….

우리 마을 이야기

오후 3시가 넘었는데 둘째손자 녀석이 잠시 시간이 났다면서 다니러 오겠단다. 부랴부랴 있는 대로 저녁식탁을 준비해놓고 산책 겸 마중 길에 나섰는데 운 좋게도 이장님 댁 앞에서 막 마을회관으로 출발하려는 이장님 차를 만났다. 산책하기엔 너무 더운 날씨……. '얼씨구나'하고 얻어 타고 회관까지 왔더니 새로 지은 쓰레기하수장 하며 창고를 개조한 부녀회나눔터 등이 내 눈에 확 들어온다. 열정적으로 일하신 이장님의 노고에 치하하고 다시 쉬엄쉬엄 걸어 내려오다 보니 저만치에 곽 여사님 댁이 보인다.

아, 여기서 아이를 기다릴까 보다. 숯가마에 갔다가 방금 돌아왔다는 부부는 반짝반짝 빛나는 환한 얼굴로 우리를 반겨주었다. 이런저런 동네 이야기를 나누다가 왕년의 국가대표 배구선수였던 곽 여사의 텃밭 토마토주스까지 대접받고는 아이가 지나갈 즈음에 길가 쪽으로 나와 섰다. 옆집 노인회장 부부가 하루 일을 마무리하며 우리를 보자 특유의 그 함박웃음을 보낸다.

예상 시간에 나타난 열아홉 살 우리 손자, 달려가 얼싸안으니 어엇? 이 녀석 보게? 얼핏 스치는 녀석의 아래턱 쪽이 생뚱맞게 약간 깔끄럽다. 그러나 내게는 놀랄 틈도 주지 않고 주변의 여러분들은 이 더운 날 할아버지 할머니를 찾아왔다고 아이에게 칭찬에 칭찬을 쏟아 붓고 있다. 손자 덕에 오랜만에 마을 분들도 뵙고 기분 좋게

헤어져 올라오고 있을 때 다급한 곽 여사님의 목소리가 멀리서 들려왔다

"민 선생님, 가시지 말고 거기서 계셔요, 모셔다 드린대요."

저만치서 승용차 한 대가 스르르 다가오더니 차창 밖으로 빼꼼이 김 사장님 얼굴이 나타났다.

"걸어 가시기엔 너무 덥습니다, 어서 타십시오."

"아이구, 이거 본의 아니게 민폐를 끼치네요."

진심으로 송구스러웠지만 순간 그 따듯한 마음이 내 가슴에 파도처럼 사무쳐 왔다. 이사 온 지 어언 4년 8개월! 우리는 늙어가고 찾아오는 발걸음들은 점차 뜸해간다. 정 많고 꿈 많은 동네……. 깨끗하고 아름다운 우리 동네……. 신원리는 이제 우리부부 제2의 고향이다.

주민여러분, 고맙습니다. 잘 부탁드려요.

사기충천한 할아버지

'아주 먼 옛날 하늘에서는 당신을 향한 계획이 있었죠. 하나님께서 바라보시며 좋았더라고 말씀하셨네. 이 세상 그 무엇보다 귀하게 나의 손으로 창조하였노라, 으음…….

21년 전 며늘애가 둘째 손자를 잉태했을 때 우리가족은 정원 잔디에 나와 파티를 하며 모두 두 손을 뱃속의 아기를 향해 뻗으면서 이 축복송을 불렀었다. 간호사가 안고 나온 유리벽 너머의 아가는 뽀얗게 분칠을 하고 있어 우리는 얼마나 웃었던가…….

'할머니 할아버지 처음 만나는 날이기에 신경 좀 썼다.'는 간호사 말이 하도 재미있어 첫 손주 때의 감격어린 눈물과는 정반대의 상

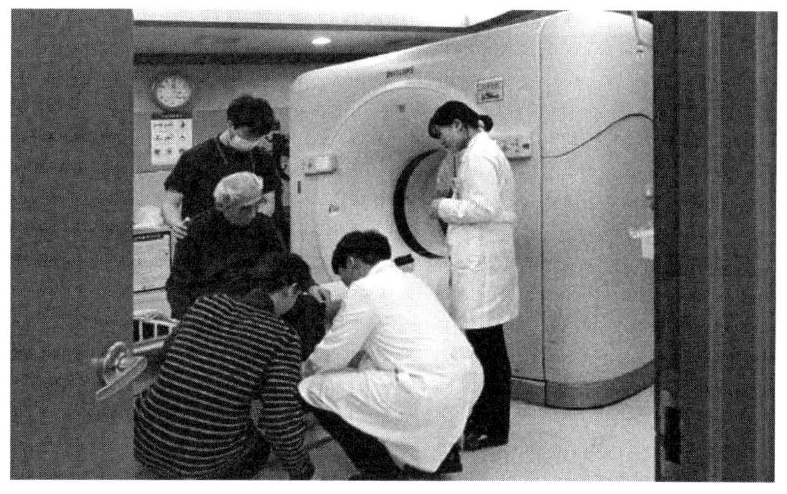

봉을 했었는데……. 서너 살 때 무릎에 앉혀놓고 동요를 불러주면 아이는 경청을 하며 결코 나대는 법이 없이 항상 진지했었다. 내 두 발등에 쪼그만 어린 두 발을 각각 하나씩 얹고 왈츠를 추면 아이는 어색하고 부끄러운 미소를 지으면서도 아주 행복해했다. 함박눈이 펑펑 쏟아지던 날, 둘이서 눈사람을 만들 때 눈이 조금 모자라서 옆집 승용차 위의 흰 눈을 좀 쓸어 담자고 했더니 녀석의 눈가로 스치던 망설임……. 그 애가 자라서 오늘 할아버지 CT 촬영가는 병원에 앞장을 섰다. 호흡기가 수상하여 어제 X레이를 찍었는데 오늘 또 CT를 찍으라고 해서……. 어제는 큰 손자 케어받고 오늘은 작은 손자가.

남편의 사기가 하도 충천하여 가까이 왔던 병마가 '어맛, 뜨거라.' 줄행랑을 칠 것만 같다.

세상을 바꾸는 국모의 노래

우연히 TV에서 자상하고도 품위 있는 어느 여인을 보고 나도 저런 사람이 되고 싶다고 말하는 어린 딸에게 "국모는 대한민국을 대표하는 사람, 국모는 대한민국을 대표하는 사람을 키우는 사람, 너는 좋은 국모가 될 수 있을 게다."라고 말해준 어느 아버지……. 그 말씀 한 마디가 세상을 바꾸는 씨앗이 되었으니…….

작은 나라에서 온 이름 없는 장애아가 우승을 할 거라는 생각을 안했던 주최 측이 태극기와 애국가를 준비하지 못했는데 시상식에서 장애아의 엄마인 옛날의 어린 딸은 스케치북에 태극기를 그려 안고 힘껏 애국가를 불렀단다.

그 글에 대해 '아이들을 키우기 위해 노력하는 이 땅의 모든 엄마는 대한민국을 대표하는 국모가 아니겠느냐?'고 그때 네티즌들이 와글와글했었다.

그렇다. 우리 집안에도 2명의 국모가 존재한다. 자폐아로 태어난 딸아이를 34년 동안 키워서 이 세상 누구보다도 밝고 명랑한 준사회인으로 성공시킨 내 친정여동생이 그렇고 입시지옥의 교육행정이 못 마땅한 우리 며늘애는 소신 있는 교육 방침을 가지고 두 아들을 대안학교에 보냈다.

내 조카 예진이는 아주 소규모지만 수제천연비누를 만들어서 판매하는 사업을 하면서 혼신을 다하여 키워준 엄마의 속마음을 조금은 헤아릴 줄 아는 효심 깊은 딸이 되었다.

예절의 중요성을 강조하고 공부보다는 인성교육이 먼저라며 광범위한 여행과 취미활동을 허용한 내 며늘애도 아이들에게 네가 즐겁게 일할 수 있는 직업을 택하라 하니 큰손자는 겨울방학 여름방학이 확실한 교사를 원하여 모교에서 교편을 잡고 재학 시부터 영화습작을 했던 작은손자는 지금 작은 영화제작사에 들어가 경험을 쌓고 있는 중이다.

자폐아를 준사회인으로 이끌어 올린 내 동생은 이제 겨우 한 숨 돌렸지만 그녀의 갈 길은 아직도 멀고 아득하다.

우리 며늘애는 가업을 이어가는 더 나은 발판을 위해 영국에 가서 플라워리스트의 자격증을 따다가 새벽부터 꽃시장에 나가 싱싱한 꽃을 사온다. 손님방을 장식하고 신부 부케도 만들고 각종 축하 꽃다발도 만들면서 꽃에서 얻는 힐링으로 더 좋은 국모를 지향하고 있다.

우리 집 설날 풍경

어젯밤 10시에 큰 손자가 먼저 출발해 왔다. 할머니 할아버지 적적하실까봐 늦은 시간이지만 찾아왔단다. 얼마 전에 5개월도 넘게 혼자서 해외 배낭여행을 다녀오더니 녀석은 눈에 뜨이게 배포가 유해지고 여유가 만만해졌다. 틈틈이 우리 레스토랑에 나가 알바를 하면서 여기저기 강사로 불려 다니더니 자기 모교인 대안학교에 정식 교사로 초빙 받아 출근하게 되었다고 즐거워한다.

밤늦게 왔는데도 전 부치는 나를 도와주었고, 자고 일어나서는 옥상에 올라갔다가 떨어져 죽어있는 새를 발견하곤 할머니가 놀라

실까봐 치워도 주었으며, 옥외의 물 내려가는 하수구마다 쓸려가 모아져 있는 낙엽 더미도 걷어내 주는 등 자기 아빠와 키득대면서 집 안팎을 돌아다니는데 그 폼이 영락없는 형제간이다.

작은손자도 내 컴퓨터 활자 크기를 더 크고 진하게 늘려주었고, 텔레비전 리모컨으로 '책 읽어주는 라디오 채널'을 찾아내 할아버지께 권하기도 하는 등, 언제나처럼 오늘도 해결사 노릇을 단단히 하고 갔다. 아무리 내가 발뒤꿈치를 올려보아도 녀석들과의 멋진 허그가 틀려버린 지 이미 오래 전이었는데 오늘 나는 마침내 녀석들의 넓은 품에 편안하게 안겼다. 그런데 틈새로 본 겨울 숲과 하늘은 의외로 아름다웠다.

아버지와 아들

- 여행 중에 있는 둘째 아들애가 방금 소식을 보내왔기에 공유하고자 합니다. -

아버지 저는 푸에리토 몬트라는 항구도시에서 푸에르토 바라스라는 호숫가 마을로 가는 중입니다. 버스에서 깜빡 졸 만큼 여유가 생겼습니다. 잠깐 지나쳐 가려는 마을이었는데 생각보다 오래 머물러 있었습니다. 어떤 게 좋은 건지 지금은 알 수 없지요. 좋다가도 나쁘고 그러다가 또 좋아지니까요. 어제는 혼자 오소노르 화산을 보러 갔다가 큰 고생을 할 뻔 했습니다. 한 50킬로미터 버스로 가서 걸어가려했는데 도저히 걸어서 갈 수 없는 거리였습니다.(묵고 있는 주인 아가씨가 휘휘 올라가면 된다고 했는데……. 미친 여자입니다.) 아무도 없는 휑한 길을 걸으며 위의 생각을 또 했습니다.(자주 하는 생각입니다.) 그러다 차를 얻어 타고, 그 먼 거리에 더 놀랐습니다. 만년설은…….(이건 다른 주제니까) 다행히 오는 길도 차를 얻어 탈 수 있었습니다. 운이 좋은 하루였어요. 남쪽으로 가려던 계획을 바꿔 위쪽으로 천천히 올라가려 합니다. 남극 여행은 남겨두겠습니다. 내일은 푸콘이라는 아름다운 도시로 갑니다. 활화산을 볼 수 있다는 말에 행선지를 정했습니다. 아버지. 아쉽고 안타깝고 감사한 마음을 모아 사랑합니다.

세모에 찾아온 손님

대안학교 10학년 둘째손자가 일 년 내내 영화 촬영에 매달려 살더니 엊그제 작품 발표회를 마치자마자 부랴부랴 기숙사를 나와서 할머니 할아버지한테 왔다.

영화 제목은 '주인', 요즘 청소년들이 자신의 삶을 주인으로서 살지 못하고 부모, 특히 엄마에 의해 조종되는 자기 부재를 다룬 영화라고 했다. 영화배우가 꿈인 내 손자 이름은 '허윤', 좋은 배우가 되기 위해서는 촬영, 감독, 각본, 음향 두루 섭렵해야 한다나?

학년이 높아지면서 아이들의 발길은 점차 뜸해지고 이제는 손님처럼 낯설다. 그럼에도 불구하고 세모에 뜬금없이 나타난 이 녀석의 존재는 흐린 하늘에 갑자기 나타난 한줄기 햇살처럼 반갑고 즐겁다.

사고치고 떠난 모녀

아침에 텃밭에 물을 주러 나가면서 에어컨 실외기 위에 올려놓은 상자 위의 밀짚모자를 집어 드니 아주 작은 새 한 마리가 막 새끼를 까는 중인 듯했다. 화들짝 놀라서 집었던 밀짚모자를 그 자리에 내려놓고 그이에게 달려갔다.

"좋은 일이 있으려나?"

그이가 이렇게 대답해주었다.

점심을 먹고 햇볕에 화끈거리는 얼굴을 진정시키려 마사지팩을 펴 얹고 안마의자에 앉아있는데 대전에 사는 막내동생한테서 전화가 왔다.

"언니 뭐해?"

"응, 지금 팩 부치고 안마의자에 앉아있어, 너는?"

"난 지금 언니네 현관 앞에 서서 언니랑 통화중이야."

"뭐라고?"

안마의자의 정지 버튼도 누르지 않고 황급히 내려 현관문을 여니 그녀와 그녀의 아픈 손가락 예진이가 방글대며 서 있다.

"코로나19는 요원하다지, 장마는 곧 시작될 테고, 살살 아프던 배가 오늘은 좀 편해진 판에 아침에 언니가 보낸 보리수 카톡 사진을 보니 '에잇, 떠나자'하는 용기가 생겼어. 국도로 왔는데 4시간 7분이나 걸리네."

그녀는 씩씩하게 말을 끝내자마자 막바로 보리수를 따러 간다. 말랑하고 갸름한 빨간 열매가 대롱대롱 매달려있는 보리수를 흔들어 털기도 해보고 일일이 따기도 하며 그녀는 아이처럼 즐거워했다.

그리고 얼마 후 우리는 정원의 평상에 나란히 누워 하늘을 올려다보았다. 앞산도 옆산도 보았다. 푸른 숲에 포위되어 이야기를 나누며 서울의 다른 두 자매에게도 연방 교신을 했다.

그녀의 아픈 손가락은 쉬임 없이 두서없는 참견을 하고 그녀는 한 번도 짜증내는 법 없이 성의 있고 진지한 응답을 하는데 나는 왜 눈물이 날까?

“우리 안으로 들어가서 이모랑 이야기 좀 할래?”

그녀는 겨우 평상에 홀로 남아 고팠던 혼자만의 시간을 가졌다.

그 이튿날 ‘한 번도 깨지 않고 아주 오랜만에 깊은 잠을 자봤다’

는 그녀와 나는 새벽 산책을 나갔다. 우리 집 뒤쪽 마을을 구경시켜 주려 숲길을 올라갔는데, 집집마다에서 짖어대는 개소리 때문에 고요한 산촌의 정취는 망가지고 말았다.

설상가상으로 낯익은 이웃을 만나 인사하는 중에 그 집 개가 튀어 나와서 우리자매는 혼비백산하여 서로 부둥켜안고 비명에 비명을 질렀다. 우리 둘의 소프라노는 골짜기의 새벽공기를 타고 멀리 멀리 아랫마을까지 퍼져갔을 터…….

집에 혼자 있는 아빠에게 드린다며 도착 즉시부터 수선을 떨던 나이 먹은 소녀 내 조카 예진이는 치커리, 케일, 상추, 대파 등을 한 아름 담아 안고 들어와서 흐뭇해한다.

점심식사는 양수리 세미원 앞 식당으로 가서 연잎밥정식을 시켜 먹었고 저녁은 닭볶음탕에 텃밭 푸성귀로 해결했다.

오늘아침은 우리 뜰에서 자란 쑥으로 빚은 쑥인절미를 꿀에다 찍어서 아욱국과 먹었다.

이제 헤어져야 할 시간! 갑자기 들이닥쳤기에 준비한 선물은 없고 동생에겐 김치 두 포기와 천연조미료 한 병, 그리고 보리국수를 선물했고, 조카딸에겐 작년 송년파티 때 선물로 받은 향수를 주었다.

잘 도착했다는 문자를 받고 안심하고 빨래를 걷으러 저녁뜨락으로 나와 텃밭을 일별하던 나는 깜짝 놀라 비명을 지르고 말았다.

"앗? 이게 뭐야? 맙소사……."

싹둑싹둑 모가지가 잘려나간 내 상추들……. 옆에서부터 이파리를 따올라 가야 상추가 위로 자라면서 계속 먹을 수 있는 건데 모

두가 댕강댕강 모가지가 다 잘라져 있다.

원인제공은 내가 한 것. 달팽이 등 벌레가 무섭다하여 가위를 쥐어준 사람은 바로 나니까…….

"미안해할 거 없어, 어차피 장마가 지면 상추는 녹아 없어지거든?"

이리하여 이글의 제목은 「사고 치고 떠난 모녀!」로 정해졌다.

내 이름 민서현

장마전선에 돌입한다는 일기예보는 들었지만 어제까지도 말짱하였기에 설마 이른 아침부터 이렇게 비가 올 줄은 몰랐다.

양평집 뜨락엔 빨래가 널린 채 그대로 있고 운동기구도 비에 노출 되어 있을 터(어제 당일 돌아갈 요량이었으므로), 데려다준다는 큰아들을 깨우지 않고 택시를 불러 타고 양평 집으로 향했다. 적당히 세찬 빗줄기 속을 달리는 기분이 나쁘지 않아 강변의 드라이브 코스를 은근히 즐기며 동네 입구로 들어섰는데 하루 만에 돌아온 이 짧은 외출이 이리도 정겨울 수가……, 굽이굽이 계곡을 타고 올라와 대문 앞에 도착하니 그다지 말수가 많지 않았던 기사아저씨가 "허준구, 민서현……. 으음, 아드님 댁인가 봅니다? 아니 손녀?"하며 혼자 웅얼댄다.

"아저씨, 여긴 우리 집인데요?"

문패를 보고 하는 말 인줄 알아채고 내가 대뜸 이렇게 응수했더니, "아니, 어르신 함자라구요? 어떻게 그 옛날에 민서현이란 이름을?" 반문하며 놀란다.

"하하하, 졸지에 내가 손자 나이대로 내려갔네……."

나는 유쾌하게 웃었고 "먼 길 오셨는데 들어가 차 한 잔 하실래요?"했더니 그분은 기다렸다는 듯이 성큼 차에서 내린다.

이 대목에서 한 가지, '언니는 아무튼 못 말려, 그 산속 집에 그렇

게 아무나 들이면 어쩌려구 그래?' 우리 막내 여동생의 평소 훈계다.

그분은 거실에 들어서자 아주 단정히 앉아 기도부터 했다. 이리하여 우리 부부는 오늘 아주 괜찮은 친구 하나를 새로 사귀었다는 스토리다.

친정아버지 기일 아침에

'오늘은 울 아버지 민재조 교수님의 기일, 이 서방이랑 10시 미사에 다녀오겠습니다.'

친정 대소사를 평생 아우르고 살아가는 셋째의 카톡이 뜨고 연이어 막내의 엄지척 이모티콘이 나타난 후 다음과 같은 글이 쓰여 있었다.

"나는 우리 아버지가 맨날맨날 내 볼을 만지고 쓰다듬어주신 그 기억으로 우리 아기들을 맨날맨날 쓰다듬어주며 키웠지. 그리고 그 비법을 '스킨요법'이라고 인터넷 카페 글에 발표했었어. 스킨십이 안 되는 많은 발달장애아 엄마들이 그걸 배우면서 아이들과의 소통이 시작되는 계기가 된 것을 나는 한참 후에나 알았네. 아버지 빈소에서 비로소 깨달은 우리 아버지의 말없음표 사랑 때문에 나는 그렇게 꺼이꺼이 소리 내어 울었었나봐."

아버지는 우리에게 영원한 그리움의 대상이다.

아버지 떠나시고 바로 곡기를 잠시 끊으셨던 울 엄마는 아버지 뒤를 따라 40일 만에 저세상으로 가셨다.

그리운 부모님! 우리들 잘 살고 있어요.

휠체어 타고 상복 입었던 엄마 아빠의 큰딸은 지금 엄청 건강하고 재미나게 살아요. 못 보여드려 아쉽지만 이렇게 안부드립니다.

우리 언니는 깜둥이

초등학교 2학년 여름 방학 때 쓴 그림일기가 발견되었다면서 막내동생이 네 자매 카톡방에 그 사진을 보내왔다.

유년의 추억이 생생한 그림일기를 들여다보면서 우리들은 각자 거울처럼 말갛게 다가온 그날을 이야기하며 한동안을 감회에 젖어 있었다.

책상 앞에 앉혀 놓고 그림을 강요하던 나는 끼적대는 어린 동생을 끝까지 기다려주지 못하고 참을성 없이 확확 손을 대버려 어린이 그림이 아닌 어른의 그림으로 둔갑시키는 우를 범했다.

그림 속의 깜둥이가 실종된 지 어느덧 53년…….

피아노를 치고 앉아 있는 내 뒷 잔등의 허연 허물을 벗겨주던 동생들도 이제는 모두 회갑이 넘었다.

아아……, 세월은 잘 간다. 아이아…….

1964년 8월 9일.

깜둥이가 되어서 부산 갔던 언니가 돌아왔습니다. 예쁘던 언니 얼굴이 새까매서 작은 언니와 나는 '깜둥이 깜둥이'라 하며 놀렸습니다.

오늘 새벽에 받은 아들의 카톡

5시 반에 잠이 깨어 습관적으로 휴대폰을 열어보니 요즘 우리 레스토랑 내부 인테리어를 다시하고 있는 아들애가 보낸 장문의 카톡이 들어와 있었다. 혼자 읽고 지나쳐버리기엔 너무 아까워 내 삶의 기록이 오롯이 담겨 있는 이 공간에 저장시켜 오랫동안 두고 읽는다. 또 많은 이들과도 공유하고 싶은 마음이 생겨서 그 전문을 퍼 날라 왔다.

"열심히 사는 우리 가족, 요즘은 새벽부터 밤까지 일했는데 오늘은 새벽부터 새벽까지 일했습니다. 지난주에 2층, 3층 화장실 공사를 마치고 어제부터 1층 화장실과 모두랑 벽체와 플라워 스튜디오 공사를 시작했습니다. 더불어 오랫동안 해결되지 않았던 1층 보일러 누수공사까지, 영업을 하면서 공사를 하는 거라 손이 너무 딸리네요. 그래서 오늘 밤에는 원이까지 나와서 밤샘 작업을 했네요. 일을 다 마치고 천장을 다 까낸 1층 화장실을 보여주며 'IOU의 천장은 위로 25센티미터를 올릴 수 있단다.'라고 이야기해주었습니다.

지금은 모르겠지만 언젠가 굉장한 정보가 될 거라 생각합니다. 저 술 좋아하잖아요. 밤에 아들과 함께 언덕길을 내려오면서 오랫동안 참았던 맥주 한 캔을 사서 마시고 집에 와서 또 한 캔 마시고 이제 침대에 누워 부모님께 '나 잘했지요.'하고 응석부립니다.

우리 아버지 어머니도 최선을 다해 사셨고 저희들도 그 모습 그대로 이어가려 합니다. 원이와 윤이가 시험공부는 하지 않지만 자신들이 무엇을 하고 해야 하는지 하고 싶은지 알고 열심히 사는 것 같습니다. 어머니 글이 너무너무 좋습니다. 고된 일상 속에 반짝이는 순간만을 올리시지만 그 순간이 진실이라면 요즘 제 삶의 큰 기쁨입니다. 더운 여름 고생하셨습니다. 두 분이서 많이 고되셨을 텐데 별로 내색도 않으시고. 감사합니다.

뜬금없지만 건강하시고 오래오래 사셔야 해요.

즐겁게, 뜨겁게 사랑하시면서! 이제 자야겠네요. 굿나잇."

재앙을 축복으로

“아침부터 엄청 바빠쓰. 코로나19 사태로 상민 회사 다시 재택근무 돌입! 오늘부터 3일간 면접관으로 선임되어 신입사원들 면접해야 하는데 온라인으로 전환, 집에서도 세 아이들 온라인학습이라 방 하나씩 차지하고 앉았으니……. 우리 집에서 근무하면 안 되겠냐고 어젯밤 급히 복딩이가 SOS를 쳤더라고. 아침부터 문간방을 사무실로 꾸미느라 대청소질, 점심부터 삼식 씨 손님 1인 추가, 코로나19 재난 피해자 예 있소.”

우리 자매 중 셋째로부터 이런 카톡이 날아들었다.

“아들 실컷 보게 생겼네. 누구 아이디어? 복떵?”

넷째가 묻는다.

“모르쥬……. 발소리도 못 내고 살살 주방에서 12시부터 1시까지의 회사 점심시간 맞추느라 겸승준비, 식당 아즈매 모드질! 간단히 먹는 양노원식 메뉴에서 모처럼 진수성찬 좀 차려 볼까나…….”

“사진 보니 면접관이 아니라 수험생 같넹, 쟈이 아부지가 좋아하쥬?”

“쩌 쪽 방에서 시방 주식질…….”

그녀들과의 대화 중에 내가 끼어 들어갔다.

“축하할 일이넹, 언제 또 아들 데리고 살아봐?”

"그러게……. 20년 만에 아들 밥상 차려보네……. 코로나19 신에게 감사? 정말 상상조차 못했던 장장 삼일 연짱 아들 감상질!"

"간만에 품안의 자식 즐기십시오." 요건 방금 복띵 문자.

막내가 다시 말했다

"고놈이 참 능글능글 깜찍하지……. 코로나19로 참 이상한 축뽁질!"

나도 또 한마디 했다.

"피할 수 없는 건 즐기기? 상민아, 축하한다. 신입사원으로 출근할 때가 엊그제 같은데 벌써 면접관이라니……. 이번 기회는 하늘이 주신 은총의 시간……. 부디 행복하여라. 큰 이모가 축복송을 보낸다."

카톡을 이제서야 발견한 둘째 동생이 부리나케 뒤늦은 답톡을 보냈다.

"메주, 수고하숑, 면접관 겸승은 배. 달. 의. 민. 족. 으로!"

(혹시 모르시는 분을 위하여 콩새가 친절히 해석해드리면 배달시켜 먹이라는 뜻.)

언제나 상큼한 네 자매 단톡방 이야기였습니다.

새 시대의 현장을 지켜보며

살림집으로 10년을 살다가 2005년 5월 25일 35주년 우리 결혼 기념일을 자축하며 레스토랑으로 오픈 시킨 'IOU!'

5년 전 우리는 10년 동안 최선을 다해 일구어놓은 그것을 아들들에게 맡기고 홀가분한 마음으로 양평으로 내려왔다. 다행히도 5년이란 짧은 시간 내에 그들은 좋은 레스토랑이라는 평판을 받으면서 아주 성공적으로 사업을 번창시켜 나간다.

지난 월요일부터 시작한 오래된 지붕의 기와 교체작업……. 꼭두새벽부터 한강변의 세찬 봄바람을 맞아가며 시작한 기와 교체작업

은 닷세 만인 오늘 저녁 모두 끝을 내었다는데, 인부들과 똑같이 버무리며 한 사람 몫을 톡톡히 해치운 작은아들의 열정이 너무나 자랑스러워 나는 크게 칭찬해주고 싶다.

새 시대를 열어가는 후손들의 현장을 살아생전 이렇게 직시할 수 있다는 건 크나 큰 축복이 아닐 수 없다.

"나는 하나님께 빚졌습니다. I owe You!"

자연 이야기

하루살이

이 몸도 텃밭 가꾸는 산골여자가 되어간다. 씨 뿌리고, 물주고, 김 매주고, 소독하고……. 그리하여 내 텃밭은 이 가뭄에도 바야흐로 풍작 중! 무럭무럭 커 가는 호박, 토마토, 가지, 완두콩, 강낭콩, 옥수수, 오이, 고추, 블루베리, 메론, 포도 대추 등…….

탱글탱글한 마늘을 수확하여 다섯 접 씩이나 뒤꼍에 걸어놓았고 대궁에서 우유 같은 진액이 넘칠 때까지 실컷 뜯어먹고 이제는 전봇대만큼 키가 커 버린 상추, 쑥갓, 쌈야채여! 생강은 아직 땅 속에서 캐지도 않았고 보리수나무에는 귀고리 같은 빨간 열매가 대롱대롱 매달려 있다. 내년에는 모과도 살구도 자두도 매실도 모두 다 풍성하게 열릴 것이다. 현관 옆의 한 그루 전나무는 크리스마스 시즌에 맞추어 우아하면서도 화려하게 변신할 것이다. 열 그루 지그재그 늘어선 자작나무는 촉촉하게 시심을 불러일으키는데 라일락과 이팝나무는 초봄부터 내내 그 향기를 미풍에 실어온다.

그런데 요즘 우리의 낙원에 난데없는 불청객 하나가 나타나 우리를 마냥 괴롭히는데 그들은 나를 너무너무 좋아하다 못해 마침내 스토커가 되어 남편이 있는 집안까지 따라 들어온다. 내가 쫓아내려 액션을 취하면 순간적으로 내 몸속으로 투신자살하는 그들, 매일 매일 번갈아가며 내 눈동자에 빠져죽는 그 이름 하루살이!

내 남편 왈 "그 놈이 그래도 사람은 제대로 알아보네? 그놈을 부러워하는 사람도 적지 않을 걸?"

어머나! 유머나 위트는 인정하되 이쯤 되면 아부의 극치죠!

소가 웃네요. 음매헤헤……. 캬캬캬…….

그래도 이런 립서비스나 멘트가 늘그막 남자들의 편안한 노후를 보장해준다.

선무당 농사꾼의 비하인드스토리

1년 전, 이곳에 집을 지을 때 나는 우리가 살기 편한 대로 집을 짓기 위해 직접 설계를 했다. 우선 눈 나쁜 남편을 위해 문턱을 없이 했고 오르내리는 층계 수를 되도록 적게 했으며 도우미 방의 외부 출입구와 욕실도 따로 지어서 프라이버시에 신경 썼다. 외진 곳에서의 적막한 노후를 대비하여 앞 베란다는 공연 무대로 설계해서 일 년에 몇 번 음악회나 시낭송 모임을 할 수 있게 꾸몄으며 가끔은 왁자지껄한 막춤 파티라도 벌일 생각에 이에 따른 전기시설이나 조명, 화장실까지도 구비했다.

그러나 뭐니 뭐니 해도 나의 꿍꿍이는 다른데 있었다. 그것은 차별화된 정원이었다. 어디로 눈을 돌려도 푸른 숲, 푸른 산인데 왜 구태여 울타리 안에까지 한결같이 관상수들을 심는가 말이다. 연애시절은 물론 결혼 후 한참동안이나 흙길만 나오면 무조건 신발을 벗어 들고 걷는 버릇의 남편이 떠올라서 '집안에서는 신발을 신지 않고 맨발로 다니자.'를 제안했더니 물으나 마나…….'

산행을 하지 않더라도 내 집 뜨락에서 산길을 걷는 효과가……. 짧긴 하지만 둘레길 흉내라도? 작은 동산도 만들어봐? 갓 쪽으로는 각종 유실수를 심어 주렁주렁 열매를 맺게 하고 그윽한 집안의 향내를 만들기 위해 만리향이나 라일락 몇 그루를 심으리라. 나머지는 탁 트인 넓은 운동장으로. 텃밭은 저 뒤꼍에 한 뼘만 해야지.

호호호……. 얼마나 개성 있는 정원인가!

인터넷 검색을 통해 나는 '마사토'라는 흙이 운동장을 만드는데 쓰이는 특수한 흙이란 걸 알아냈다. 쉽게 말하자면 산을 이루고 있는 그런 양질의 흙인 셈이다. 우선 몇 트럭을 주문해서 뿌렸다. 간에 기별도 안 간다. 더 사다가 들이 부었다. 그래도 턱없이 모자란다. 운동장 하나를 만들려면 다지고 다지고, 밟고 또 밟고 또 다져야 한다. 그러나 나는 중도에서 미련 없이 포기했다. 이론과 실제와의 괴리를 깨달았기 때문이다. 계획을 변경하여 중앙에는 잔디를 깔아 의자를 놓을 수 있는 객석을 만들고 여기저기 적당한 간격으로 과수와 라일락을 심었으며 정원 뒤편 쯤부터는 한 층 낮은 계단식 텃밭을 만들었다.

그런데 그 '마사토'라는 것이 식물재배에 더없이 좋은 최상의 흙이라 씨만 뿌려 놓아도 저절로 자란다고 한다. 무지하게 쑥쑥 커 버린다. 열심히 물주고 적당한 비료와 소독을 해주긴 했지만 올해 같은 가뭄에 호미자루 처음 들어본 서울 여자가 토박이 농사꾼 못지 않게 수확을 얻은 것은 마을의 화제다.

그리고 또 한 가지……. 그건 음식물 쓰레기다. 이곳 사람들은 큰 웅덩이를 파 놓고 그 한 곳에 음식물 쓰레기를 모았다가 비료로 썩혀 쓰는데 삽질도 서투른데다가 눈까지 나쁜 남편을 둔 나는 그때그때마다 호미로 파서 그것들을 묻었었다. 아니 그저 숨겨놓는다는 말이 더 적합할 것 같다. 그런데 이게 뭔 일이람? 거기서 웬 수박이? 웬 멜론이? 웬 참외가? 버린 쓰레기더미에서 발아된 몇 개의 씨앗……. 그것들 또한 저희끼리 익어갔다. 여기에 플러스 그이는 정원 이곳저곳을 돌아다니며 쉬를 한다. 쉿, 조용.

내 생에 잊을 수 없는 어느 봄날

한쪽 다리를 심하게 절던 도우미 아줌마가 시집을 간다고 들썩이더니 마침내 우리 집을 떠났다. 설상가상으로 잘 계시던 할머님마저 서울 증손자의 돌잔치를 보신다고 상경하셨고…….

아버지 엄마는 출근하고 동생들 모두 등교하니 나는 갈 데 없는 부엌 신세다. 텅 빈 집안에 혼자 남아 설거지도 하고 청소도 하고 연탄도 갈고 빨래도 했다. 그리고 서울 가실 때 신신당부한 할머니 말씀대로 닭 모이도 주고 닭장 문을 열어 앞마당에서 닭을 놀게도 해주었다. 언젠가 추석에 그이가 씨암탉 한 마리를 아버지께 상납했는데 매일 아침 한 개씩의 알을 낳아주는 바람에 그것은 보신용에서 귀염둥이로 확실한 자리매김을 한 터다.

점심을 먹고 모이를 주러 나가보니 닭장에 닭이 없다. 잠가놓은 철대문과 높다란 담장에서 빠져 나갈 틈은 전혀 없는데……, 앞뜰에서 뒤곁으로, 지하실이며 화장실, 창고까지 뒤져봐도 벼슬이 작은 우리 닭은 보이지 않았다. 다른 이가 사온 것도 아니고 그이가 사다준 닭인지라 괜스레 가슴이 덜컥 내려앉는다. 무슨 일이지? 감쪽같이 사라진 그이의 닭…….

망연자실 서 있는 내 시야에 문득 우물곁의 높다란 장독대가 들어 왔다. '이거구나…….' 나는 황급히 장독대로 오르는 촘촘한 돌층계를 밟아 올랐다. '아하, 여기 있었네…….' 닭은 저 만큼 아래

빈터에서 한가하게 잡초를 헤집고 있다. 안도의 한숨이……. 그러나 반가움은 잠깐, 벼슬이 시뻘겋고 기상이 용맹스런 커다란 수탉 한 마리가 떠억 하니 그 옆에 있었다. 닭장 쇠창살 안으로 손을 넣어 모이를 주는 것도 겁내하는 나……. 무슨 재주로 수탉 옆의 암탉을 끌어들인단 말인가? 그렇다고 나이찬 처녀가 언제까지 멀뚱하니 장독대 위에 서 있을 수만도 없고…….

나는 안으로 들어갔다. 그리고 한 움큼의 쌀을 꺼내 쥐고 대문 밖으로 나왔다. 슬금슬금 닭이 있는 데로 다가갔다. 우리 닭은 수탉과 벼슬을 맞대고 애교스럽게 땅을 쪼고 있다가 나를 보자 쌩하니 돌아섰다. 수탉 또한 긴장을 하며 활활 타는 눈빛으로 나를 노려본다. 그 기세에 압도당해 나도 모르게 나는 흠칫 뒷걸음질 쳤다. 그리고 애써 태연한 척 가장을 하고 멀찍이 물러서서 손에 쥔 흰 쌀을 내뻗어 뿌렸다. '구구구우…….' 난생 처음 불러보는 '구구구우…….'

그러나 그 외침은 내 귀에도 너무나도 서툴고 유치해서 '후훗' 자조의 웃음이 절로 나온다. 암탉은 들은 척도 안하고 수탉은 적개심 서린 눈빛으로 꼿꼿하게 나를 쏘아 본다. '구구구우…….' 할머니의 유창하고 부드러운 그 음성……. 유연하고 리드미칼한 '구구구우…….' 소리. 그러나 우리 닭은 수탉의 보호를 받으며 비웃는 듯한 표정으로 저 멀리 잡초더미로 옮겨갔다. 그래도 나는 포기하지 않았다. 연신 구구구우를 외치면서 대책 없이 마냥 따라간다.

문득 활짝 열어 제친 대문이 궁금하여 힐긋 집 쪽을 일별하니 죽은 깨 많은 맞은편 집 여자가 팔짱을 낀 채 나와 서서 나를 구경하고 있다. 귀향한 지 얼마 안 되던 터라 아래윗집 인사할 겨를조차 없었지만 이 판국에 그거 따질 겨를이 어디 있나? 도움을 청했다.

"아이구……, 징그러워서 나는 닭 같은 거 만지지도 못한다우. 그리고 저렇게 수탉 옆에 있는 닭은 잡히지도 않아요. 수탉 옆에선 암탉들은 먹이도 소용없고 주인도 없다우. 아, 그냥 좀 놔주슈. 닭도 재미 좀 봐야지 어디 암탉 한 마리가 적적해서 살겠수?"

왁자지걸 시끄러운 여자의 목소리에 나는 본전도 못 찾고 얼굴만 홍당무가 되었다. 그러니 어찌하랴. 심호흡을 다시 한 번 크게 하고 살금살금 뒤쪽으로 다가갔다. 그리고 후다닥, 닭을 대문 방향으로 몰았다. 기겁을 한 닭이 쏜살같이 종종종 줄행랑을 친다. 사나운 말처럼 나도 길길이 그 뒤를 따라 뛴다. 집 방향으로 내몰리던 우리 닭이 갑자기 재빠르게 180도 방향 전환을 했다. 시뻘겋게 독이 오른 수탉은 푸드득 날갯짓을 하며 잔뜩 성이 나서 내게로 달겨든다. "엄마야……." 질겁한 내가 닭이고 뭐고 다 내동댕이치고 길가 쪽으로 달음질쳤을 때 무심히 끌고 나온 아버지 흰 고무신 한 짝이 저만큼 벗겨져 나갔다.

사내 같은 음성을 가진 하숙집 여편네가 뒤에서 껄껄껄 웃는다. 어느 틈에 분칠한 옆집 새댁도 나와 서 있다, 나는 졸지에 그들의 구경꺼리가 되어 있었다, 창피하고 무안해진 나…….

"닭아, 제발 좀 들어가자, 이젠 좀 들어가자구."

나는 정말 간곡하게 바랬다. 그러나 무정한 닭은 내가 언제 그렇게 쫓겨 다녔냐는 듯 더욱 더 천연스럽다. 서럽고 야속하여 눈물까지 핑글 돈다. 멍청하게 한동안을 그렇게 서 있는데 내 기다란 머릿결에 부드러운 초봄의 햇살이 따스하게 내려앉았다. 대지는 연초록색 쌉쌀한 미풍으로 충만하고 그것은 내 뺨으로 가볍게 스치운다. 나는 내가 한 폭의 수채화로 스르르 녹아지는 듯한 아련한 평화를 느꼈다. 너무나 안온하고 너그러운 적요……. 벼슬을 맞댄 한 쌍의 닭…….

"그래, 포기하자……."

나는 퇴근하고 돌아오실 아버지를 생각하며 마침내 뒤돌아섰다.

그런데 때 마침 어디선가 들려오는 요한스트라우스의 「봄의 소리 왈츠」! 내가 소리 나는 쪽으로 고개를 돌려 보았을 때 그것은 저 멀리 포도밭 쪽에서였다. S자로 구부러진 포도밭의 비탈길 머리에 한 떼의 어린 아이들과 구부정히 솟은 한 남자의 실루엣이 봄 햇살에 비껴서 점점 가까이 다가오고 있었다. 음악소리 또한 점점 가까워지고 있는데 남자의 손에는 트랜지스터라디오가 들려 있고 등에는 무슨 궤짝 같은 것을 걸머지고 있다. 아마도 라디오 월부 판매업자가 아니었는지? 동네 꼬마들은 음악을 따라서 뭉쳐 오고 있는 중이고 내 머리는 그 순간 재빠르게 회전한다.

"얘들아, 나 좀 도와줄래? 이리로 좀 와 봐, 빨리……."

나는 냅다 두 손으로 나팔을 만들어 대고 소리를 질렀다. 어리둥절한 표정으로 잠간 나를 바라보고만 있는 그들에게 "나 저 닭 좀 잡아 줘."라 말했다. 이때의 내 표정은 아마도 이를 데 없이 진지하고 간절했을 게다. 그러자 신통하게도 어린것들은 저희들끼리 잠시 눈길을 마주치더니 일제히 우르르 빈터로 뛰어내렸다.

"너희들은 씩씩하니까 저까짓 닭 같은 거 무섭지 않지? 저기 대문 안에 닭장이 있는데 저 암탉 좀 잡아다 넣어줄래? 착하지……."

아이들은 살포시 보일락말락한 미소를 짓더니 머루알 같이 초롱초롱한 눈망울로 고개를 끄덕였다. 예닐곱 살 어린 소년 몇 명에게 모든 것을 맡기고 나는 한쪽 둔덕으로 비켜섰다. 그들은 제각각 앙

증맞은 포즈를 취함과 동시에 일시에 와르르 암탉한테로 달려들었다.

"꼬꼬댁꼬꼬, 꼬꼬댁 꼬꼬……."

느닷없이 기습을 당한 암탉은 이쪽저쪽 몸을 틀어가며 비명을 질러댔다. 미친 듯이 수탉이 뛰어든다. 푸드득 푸드득 흙먼지를 날개로 푸덕이며 마치 창공의 독수리처럼 용맹스럽게 꼬마들을 향해 돌진한다. 그러나 아이들 또한 한 마리 재빠른 다람쥐, 교묘하게 수탉의 공격을 피하며 날렵한 몸짓으로 암탉의 생포에만 집중했다. "잡아, 잡아." 소리치며 나는 두 주먹을 흔들어댔다. "봄의 소리 왈츠"는 고조로 치달린다. 그러나 애쓴 만큼의 성과는 나타내지 못했다. 꼬마들도 자존심이 상한 눈치였다. 그래서 우리는 긴급 대책 회의를 했다. 그리고 작전을 바꾸는데 합의했다. 우선 여럿이 그놈을 포위해서 대문 안으로 유인하기로 한 것이다. 나는 대장이 되어 쌀을 뿌리며 '구구구우…….'를 외치며 앞장서 뛰고 꼬마들은 한 치의 틈도 없이 조밀하게 닭을 에워싸서 집안으로 몰아넣기로 한 것이다. 드넓은 빈터에서 좁은 뜨락으로 한정된 전쟁터의 작전은 적중하여 암탉은 마침내 생포되었다. 바람난 암탉은 순식간에 다시 우리 안에 도로 갇혔다. 수고한 병사들에게 대접할 게 별것 없어서 나는 하나 하나를 깊게 안아주는 것으로 사의를 표했다. 그들을 배웅하러 대문 밖으로 따라 나섰더니 거기엔 엉뚱하게도 아까의 그 시뻘건 수탉이 멀뚱히 서 있는 게 아닌가? 순간 나는 잠간 당황했고 섬칫했는데 마주친 수탉의 표정은 의외로 비굴했고 아주 초라했다.

머쓱하게 뒤로 물러서는 그 시뻘건 수탉에게 눈길 한 번 안 주고 나는 냉정하고 아주 쌀쌀맞게 철거덕 대문을 잠갔다. 마당을 가로

질러 집안으로 걸어 들어오는 내 등 뒤에서 '꼬끼오…….'라며 애통하게 부르짖는 수탉의 절규가 들려 왔다. 뜬금없이 울려 퍼지는 한낮의 '꼬끼요오…….' 소리. 흘깃 닭장을 쳐다보니 암탉이 몸부림치며 철창을 쥐어뜯는다. 한쪽다리를 절고 두번씩이나 결혼에 실패했던 부엌 아줌마도 시집을 간다.

때는 바야흐로 봄!

씨감자 심은 뜻은?

뭐 깊은 뜻이 있는 게 아니구요. 내가 어릴 적에 엄마, 아버지가 보시는 신문 연재소설제목이 '벽오동 심은 뜻은'이었어요. 문득 생각나서 제목으로 한 번 뽑아봤어요. 며칠 전에 우리 마을에 땅을 많이 가지고 계신 박 교수님이 우리 집에 들러서 씨감자를 심었는데 조금 남았다며 주고 가셨어요. 공짜인 줄 알았더니 "누구 맘에 드는 분 있으면 불러들여 모여 사는 거 어떠세요?"하시는 거예요.

그러니까 쉽게 말하면 당신네 땅 좀 팔아 달라, 이 말씀 인거죠. 에고, 까짓 씨감자 몇 알 선물로 주공? 암튼 그래도 역사는 이렇게 시작 되는 법……. 당장 팔을 걷어붙였죠. 우리 부부를 도와주는 수호천사 우 권사와 함께 먼저 비료를 뿌려 땅을 엎어 갈고 고랑을 만든 후 검은 비닐을 덮고 구멍을 뚫어 씨감자 밀어 넣고 흙을 솔솔, 아, 우리들 너무 멋지지 않아? '바람과 함께 사라지다.'의 스칼렛 오하라 같다. 나는 스스로를 칭찬하며 내가 작사한 합창곡 '아카시아 군무'의 볼륨을 한껏 높였어요. 청매화꽃은 만개했고 감자밭은 늠름하게 완성되고 봄볕은 따사롭고 샤워를 한 후 점심으론 갓 캐낸 연한 쑥으로 빚은 쑥 개떡을……. 개떡에 꿀을 발랐더니 신분이 수직 상승, 냠냠냠, 너무 맛있어요.

캬, 행복이 뭐 별건가요?

그러고 보니 답이 저절로 나왔네요. 씨감자 심은 뜻!

승리의 팡파르

내 어린 시절부터 한 번 해보고 싶던 사물놀이, 몇 달 전 마을회관에 수강생 모집 공고가 나붙었다. 앗싸! 징을 치시는 노인 회장님 말고는 내가 최고 연장자다. 매주 화요일 저녁에 2시간씩 연습해서 오늘 마침내 첫 공연을 했다. 어버이날 잔치 겸 마을입구에 새로 꾸민 청석공원 오프닝 식장에서.

그러나 나에겐 남모르는 속심 한 가지가 있었다. 20년 따라 다니던 내 류머티스 질병에 종식을 고하는 승리의 팡파르, 절룩대지 않고 당당하게 대지를 밟는 모습을 만천하에 입증시키고 싶은 꿈이 있었다. 그리고 마침내 오늘 그 일을 해냈다.

류머티스 염증 수치가 사라져서 통원치료와 약물 복용이 멈춘 지

2년이 넘었지만 외관상 걷는 모습은 크게 달라지지 않았었는데 만 10년 하루도 빠짐없이 마사지 해준 남편의 사랑 덕분에 오늘 나는 떳떳하게 걸을 수 있었다. 며칠 전까지는 살짝살짝 통증이 스치곤 했었는데 오늘은 아무렇지 않다. 아듀, 류머티스여!

경춘선을 달리는 신원리 다리 밑, 추적추적 내리는 봄비로 인해 손님이 없을까 걱정했더니 웬 걸, 150명 뷔페음식이 깡그리 사라졌네.

나를 축하해주러 온 이 많은 사람들에게 축복을! 하하…….

북 치고 장구 치고

48주년 결혼기념일을 며칠 앞두고 올해는 어떤 이벤트를 할까 궁리 하던 중 먼데 친구들은 잘도 초청하면서 정작 내가 몸담아 살고 있는 마을주민들에게는 소홀했음에 생각이 미쳤다.

메리 성불!

공짜로 얻은 휴일을 이용해 25일 결혼기념일을 앞당겨 주민들을 초대했더니 선약 때문에 어쩔 수 없다는 두 명을 제외하고는 초대한 전원이 참석했다.

원주민보다는 우리처럼 외지에서 이주한 사람이 더 많기는 하지만 뿌리내리고 사는 곳이 내 고향 아니랴.

우리 마을의 여성이장 박영희 님이 자작시 「내 고향 동이점골」을 낭송하고 동요 「고향의 봄」을 다 같이 부른 후 소박한 우리들의 파티는 시작되었다.

푸르른 오월의 신록을 바라보며 약간은 향수에 젖기도, 더러는 감상에 젖어들어 노래하긴 했지만 이것은 한순간이었을 뿐, 기발한 건배사로 부터 좌중은 연방 폭소가 터지면서 하나같이 즐거운 시간을 보냈다.

남녀노소가 오손도손 모여 앉은 자리에서 남편은 소주병을 들고 드링킹송을 불렀다. 축하 케이크를 커팅하며 '악귀와 잡신은 물러가랏!' 외치기도 했고 지신밟기도 했다. 아, 인생은 즐거워라. 참석자 중 단 한 사람도 빠지지 않고 앞에 나가서 마이크 잡고 열창을 했다.

며칠 있으면 반백 년에서 2년 모자라는 48주년 우리 결혼기념일!

우리는 오늘 그날의 축제를 이렇게 당겨 치르며 가슴 따스한 하루를 보냈다. 축하해주신 양평군 양서면 신원리 사물놀이패 여러분께 진심으로 감사드린다.

저희들 잘 살겠습니다.

과외공부

산중턱의 우리 집 뒤쪽에는 집 아홉 채가 더 있어요. 거의 다 주말에나 한 번씩 다녀가는 빈집들인데 신 선생 부부는 거주지가 이곳입니다. 우리의 몇 안 되는 이웃이지요. 우리 부부가 부르는 듀엣 소리에 이끌려 들어왔다며 방글방글 잘 웃는 신 선생님이 찾아왔던 날이 엊그제 같은데 제법 한참 되었네요. 한국 춤을 추는 그녀는 지금도 여기저기 봉사활동을 하고 있는 터라 우리 집 계곡 건너편 숲길을 하루 한 번은 지나가요.

얼마 전에 그녀는 집에서 키운 닭에서 얻은 거라면서 묵직한 유정란 다섯 알을 주고 갔어요. 그런데 또 오늘은 태어나서 처음 먹어본 전통 두릅전을 가지고 왔는데 맛이 아주 기막히네요.

메밀가루와 도토리가루를 반반씩 섞어 연하게 반죽한 후 두릅과 부추를 얹어 부쳤다는데 이 쫀득쫀득하고 반지르르한 윤기 위에 두릅향내가……, 옛날 임금님들의 수랏상에 오름직하게 품위까지 있어요. 그런데 또 한 가지 더 짙은 향내가 나길래 흠흠 맡아봤더니 그건 바로 '사람 사는 맛'의 냄새더라구요. 우리는 요즘 아주 뒤늦은 과외공부를 한답니다.

아듀 히말라야시다

아무렇지도 않은 척 대하지만 20년도 넘게 동고동락한 내 식구의 절단은 가슴 아프다. 대문 안 바로 옆에 지붕보다 키 높은 나무가 있는 건 좋지 않다는 속설에도 불구하고 우리는 굳건히 나무를 지켜 왔는데……. 중간 중간 나무를 관리했으면 이 지경까지 이르지 않았을지도?

오 헨리의 '마지막 잎새'를 떠올리며 균형 속의 파격미를 살려 한 가닥 대롱거리는 잎사귀를 남겨보려고도 했지만……, 젊은 날의 내 열정 같았으면 기막힌 천연 조형물로 디자인해 멋지게 환생시킬 수도……, 그래서 원형의 이 거목 이상으로 주목 받게 만들 수도……, 다시는 눈 덮인 거대한 내 집 설송을 보지 못하리…….

아듀, 히말라야시다! 지금 우리 서울 집에서는 대문 안 오른쪽에 서 있는 124년 된 히말라

야시다 나무를 철거하고 있습니다. 박정희 대통령이 이 나무를 좋아하여 대구에 가면 히말라야시다 가로수 길이 있다는데요. 우리말로는 개잎갈나무라고 하죠.

레스토랑 IOU의 상징물이기도 했던 나무라 아깝고 서운하지만 너무나 거대한 덩치로 성장해버려서 고압선을 건드리는 위험도 있고, 결코 작은 규모의 건물이 아닌 우리 집이 그 기세에 압도당하는 기분이 들어서 철거를 감행합니다.

동영상을 올려서 무더운 날씨에 스릴을 공유하고저 했는데 용량이 커 전송이 안 되네요.

립스틱 짙게 바르고

‘내일이면 잊으리 또 잊으리, 립스틱 짙게 바르고’

누구는 이렇게 노래하며 공허함을 달랬는데 나는 ‘오늘도 넘어 가리 또 넘어 가리 립스틱이 바닥났어도…….’하며 살아왔다.

전원생활 5년 4개월, 물 좋고, 공기 좋고, 숲 좋고, 인심 좋아 립스틱 덜 발라도 건강한 혈색으로 이 나이를 유지하였으니 하늘의 은총이어라. 탕탕 소리 날듯 완전 빈 케이스가 되어버린 립스틱, 코로나19 바이러스로 인해 사회는 뒤숭숭해도 어차피 립스틱은 한두 개 있어야 할 터…….

눈 안 보이는 남편에게 집 보라고 말하고 나는 오늘 서울에 나가서 립스틱을 샀다. 하나는 점잖은 핑크, 또 하나는 좀 야한 핑크로…….

코로나19바이러스한테 짓눌려 움츠려 살 거 뭐 있나! 손 깨끗이 씻고 마스크 잘 하고 기도하면서 모두들 침착하게 제 자리를 지켜야 할 일이다. 코로나19는 극성을 부려도 봄은 아랑곳없이 저만큼 와 있고 나는 립스틱을 샀지.

씻은 듯 말짱히 비워진 립스틱케이스 두 개처럼 내 마음 또한 깨끗이 비우고 가슴 활짝 새봄을 맞아들이고 싶다.

립스틱 짙게 바르고, 룰루 랄라.

호박죽을 저으면서

하룻밤 새에 산촌 아낙이 되어 시골살림에 벌벌거리던 5년 전, 나를 도와 살림을 보살펴주었던 한 '아우님'이 있었다. 2년 반쯤 파트타임으로 우리를 도와주다가 직장을 갖게 된 딸네네 사정으로 인하여 부득이 내 곁을 떠났지만 그녀는 오히려 그 후 더욱 든든한 나의 지원병이 되어 이따금 우리 앞에 나타나곤 한다. 늙은 호박을 좋아하는 우리 식성을 빤히 아는 그녀는 호박농사가 풍년이라면서 늙은 호박을 일곱 개나 싣고 왔다. 퍼득퍼득 끓어오르는 가스 위의 호박죽을 저으면서 나는 그녀의 동글납작한 얼굴을 떠올리며 미소짓는다.

해맑은 음성을 생각한다. 그리고 삶을 생각한다.

한여름 끝자락의 삽화

무말랭이 차가 좋다는 인터넷을 보고 행동파 콩새가 즉시 무 한 개를 썰었다.

그저께 햇볕에 내다 널었다가 그냥 자고 아침에 보니 무 모양이 반으로 쪼그라들어 있다. 얼마나 가늘고 예쁜지 신기하다. 오늘 하루 더 말려 달달 볶아 맛있는 차로 만들어 먹어야지…….

갑자기 하늘에 먹구름이 몰리더니 순간적인 어둠이…….

"앗!"

쏭……. 콩새가 잽싸게 날개를 펴고 테라스의 무말랭이를 걷으러

갔다. 그리고 침착하게 인증샷까지 찰칵!

'쫘아…….' 동시에 소나기가 부서져 내렸다. 대문 앞 개울물소리와 합쳐져서 점점 다가오는 나이아가라의 굉음처럼 요란뻑쩍하다.

그러다가 거짓말처럼 말짱해진 하늘은 한여름 끝자락의 민낯이다.

"하이고, 아슬아슬……. 하마터면 무말랭이 도루아미타불 될 뻔했구만!"

엎어진 김에 키스를

너무 이른 것 아니냐는 주위의 만류에도 불구하고 지난달 중순에 나는 시중에 막 선 보이기 시작한 채소 모종을 샀다. 상추, 쑥갓, 치커리 등 쌈꺼리 모종들을 사다가 안방 창문 앞 새로 만든 텃밭에 심어 놓은 것이다.

그런데 그것들이 얼어 죽기는커녕 무럭무럭 잘만 자라서 대문 옆 돌 틈바귀에서 삐져나온 고들빼기랑 저 아래켠 개울가에서 발견된 머위 순이랑 섞어 썩썩 고추장비빔밥으로 만들어 먹었으니 선무당이 사람을 잡은 셈…….

내일모레 쯤 비가 오겠다는 일기예보에 신이 난 나는 마스크를 쓰고 서둘러 양수리 시장으로 나갔다. 지난번 것 구입할 땐 시기가 너무 빨라 살 수가 없었던 고추랑 가지, 토마토랑 옥수수, 그리고 호박, 아욱, 당근, 부추, 깻잎, 파프리카, 케일 등 웬만한 모종들을 한가득 골라 놓고 또 참외, 수박, 얼가리까지도 씨앗으로 샀다.

집에 도착한 즉시 어우동 삿갓에 긴 장화를 꺼내 신고 음악은 있는 대로 볼륨을 올려놓은 채 나는 황무지를 개간하는 서부활극의 여주인공인양 한껏 기분을 내며 열서너 평쯤의 텃밭 모종이식을 넉근하게 끝마쳤다.

오늘 아침, 어제 심은 모종들이 어찌 되었나 궁금하여 눈을 뜨자마자 안방 테라스 쪽 창문을 열었더니 청량한 4월의 숲속바람이

'싸…….'하니 야트막히 밀려들어와 잠들어있는 남편의 이마를 스쳐 간다.

나는 또다시 예전처럼 내 남편과 정답게 텃밭에 나갈 수 있을까……. 지금은 앞을 못 보는 장애인이 되어 있지만 갑작스런 새벽 찬 공기도 마다 않고 잠 잘 자는 그의 건강은 언젠가는 빛을 보게 되리라……. 짜증부리지 않고 넉넉하게 인내하는 그의 성품이 고맙고 고맙다.

하늘을 올려다보았다. 참으로 몇 십 년 만에 바라보는 창공의 반달인가……. 그동안 무얼 하느라 나는 여태 반달도 못 보고 살아왔나……. 여명 속에서 아랫마을 가로등은 점차 그 윤곽이 흐려져 가고 멀리서 닭 우는 소리가 산골짜기를 타고 메아리친다. 어제 심은 채마들은 새벽이슬에 싱싱하게 나를 반긴다.

남편이 깰세라 조심조심 잠옷 위에 긴 가디건만 걸치고 살그머니 뜨락으로 내려섰다. 사위는 적요하고 평온하고 아늑하다. 아……. 표현할 수 없는 이 삶의 충만감이여……. 깊은 숨을 몇 번 들이마셨다가 내쉬며 가볍게 팔을 돌려본다. 뻐끈하던 어깨가 좀 풀리는 듯하다.

해가 높아지기 전에 빨리 물을 줘야지……. 첫날이니 아주 흠씬 줘야 될 거야……. 물 팔랑개비가 힘차게 돌아가는 동안 나는 여기저기 돌아다니며 검은 비닐 멀칭을 눌러 놓을 벽돌 등을 찾아내기도 하고 버려진 나뭇가지들을 주워서 산 쪽으로 옮기기도 한다.

키가 큰 옥수수와 번식력이 강렬한 부추는 작년에 쓰다 버려둔 펜스 쪽에 자리를 주고 상추, 쑥갓, 키 작은 여린 채소 등은 언제나 내 시선이 닿는 안방 쪽에……. 토마토, 가지, 고추 등은 메인 텃밭으로 테라스 층계 왼편에……. 세 개로 나뉘어진 채마밭들에 충분한 물을 먹였으니 이번엔 잔디 차례다.

호수를 빼돌리려고 메인 밭으로 들어갔는데, 아차 발이 미끄러졌다. 그리고 철퍼덕 넘어졌다. 순간적으로 밭고랑에 얼굴을 파묻고 나동그라진 나……. 퍼득 재작년 겨울에 피아노의자 위에 올라갔다가 낙상했던 때가 생각나 얼른 얼굴을 만져보니 어석어석 흙투성이긴 한데 이상은 없는 듯……. 이럴 때일수록 침착하게……. 여유는 젠틀이다.(?)

누군가 비행기에서 내리자마자 땅바닥에 키스를 했겠다,(?) 엎어진 김에 나도 흙한테 멋진 키스를? 입술을 댔다. 되도록 우아한 폼으로……. 향긋한 봄내음, 고향 맛 같은 흙내음이 오롯이 묻어났다. 스톱!

멋진 연기는 끝났는데 생각처럼 금방 일어서지지가 않는다. 한참을 뭉기적대다 간신히 일어서보니 걸치고 나온 가디건하며 잠옷 따위가 흙탕물에 뒤범벅, 가관이다.

저만치 서 있는 꽃복숭아 나무가 새빨갛게 웃으면서 나불댔다.

"주인님, 그러게 왜 꾀를 피우고 그러세요? 어젯밤 서울 집에 가 주무시고 오늘아침 일찌감치 투표하고 오셨으면 이런 사달이 났겠어요?"

오늘은 총선 투표일! 눈이 나쁜 남편에, 코로나19바이러스, 그리고 여기는 경기도 양평…….

"그래, 네 말이 맞다. 꾀 좀 피웠다, 그래도 아까운 투표용지 투표를 사장시켰으니 그래 쌤통이다."

남한산성에서

꽃의 영광이 사라진들, 낙엽으로 떨어져 흙으로 묻혀버린들 가을비 우산 속에서 우리들 우정은 익어갔습니다. 사이버에서 만나 뭉쳐진 우리 일곱 명, 일광, 파인, 시그마, 맨밥, 샤넬, 우리 부부.

80대부터 50대까지……. 벌써 3년이 지났네요.

2015년 가을정경을 가슴으로 사진 찍어두고자 우리는 오늘 모두 모였습니다. 천만 가지 헤아릴 수 없는 현란한 단풍나무들 위로 고즈넉이 가을비는 내리고 인파로 북적이던 산성길이 거짓말처럼 인적이 끊겨서 정적이 감도니 세상은 모두가 다 우리들 것이었지요.

일렬횡대로 꽉 차게 산성 길을 걸어가며 우리는 끝도 없이 한도 없이 노래하며 걷고 걸었지요. 각자가 알고 있는 노래란 노래는 죄

다 끄집어 낸 우리들의 합창소리에 옛 성의 영령들이 모두 깨어 일어나 차분한 백댄서가 되어 주었습니다.

마침내 다달은 꼭대기 축대에 올라서서 우리는 저만치 아래로 펼쳐나간 시가지를 내려다보며 "잘 가라 2015년 가을아……."라고 큰소리로 외쳤습니다.

오늘은 김장김치 하는 날

손자 녀석이 모처럼 놀러왔다가 '할아버지는 무슨 음식을 제일 좋아하냐?'고 뜬금없이 물으니 그이는 한 치도 머뭇대지 않고 '김장 배추에 싸서먹는 김장 속'이라고 대답한다. 곁에 있던 나는 이 소리에 깜짝 놀랐다.

"앗, 김장 철이네?"

어제 집안 살림 도와주는 아우님과 함께 텃밭에 심었던 알타리, 쪽파 대파 갓 등을 뽑아놓고 배추와 무는 슈퍼에서 사다가 소금에 절여두었다

그리고 오늘 종일 김장을 했다. 그득 그득 채워진 김치냉장고! 세상 부러울 게 없다. 밭에서 금방 뽑아낸 야채들을 지하수에 좔좔 씻

어 내고 대충대충 썰어 버무려 먹는 이 싱싱한 김장 속맛을 어떻게 표현할까…….

남편이 먹어치운 김장 속은 엽기적이다

즐거운 전원생활이여……. 오밤중에 무청시래기 펴놓은 사진 찍으러 나간 극성도 훗날의 미소로움이겠죠? 큭큭.

봄날 중의 봄날

"줄기마 필요하신 분, 다섯 분 정도 드릴 수 있어요."

우리 교회 원예반 방장님이 낸 단톡 광고를 보자마자 나는 대뜸 "저요, 저요"라며 손을 들었다.

어저께 우리 집 쪽으로 볼 일이 있다며 줄기마 씨앗 10개를 주고 가신 김 방장님……. 참새님은 방앗간을 그냥 지나치지 못하고 눈에 거스르는 과수 몇 가지를 쓱쓱 톱으로 잘라주고 휘리릭 떠나셨다.

어젯밤에 예기치 않게 서울서 작은아들이 왔다. 하룻밤을 자고난 오늘 아침, 목욕탕의 미끄럼방지매트를 끌어내서 청소를 시작한다. 고맙기도 하고 민망스럽기도 하다.

하지만 찬스를 놓치지 않고 들이대는 젊지 않은 에미는 "얘, 어제 우리 교회 원예반 방장님이 줄기마 씨앗을 가져다 주셨는데 너 수고하는 김에 이것도 좀 같이 심자."고 부추겼다.

이리하여 아들은 삽질을, 에미는 따라가며 씨앗을 묻었다.

우리 집 하얀색 펜스 울타리에 조롱조롱 매달릴 줄기마의 조롱열매를 상상하며 웃음 짓는 오늘은 봄날 중의 봄날이다.

자작나무

날씬한 몸매에 별빛처럼 화사한 웃음……. 한 마리 사슴처럼 그녀의 몸매는 길고 날렵하며 우아했습니다. 나는 정말로 그녀를 사랑 했습니다. 나의 자랑이었고, 나의 보배였는데 이제 영원히 내 곁을 떠나갔어요. 내 가슴은 찢어지고 흐르는 눈물은 멈추지 않네요.

간밤 태풍에 죽어간 그녀. 발목을 꺾이우고 높이 쌓인 돌담 축대 밖으로 반허리를 축 늘어뜨려 걸치운 채 허공중에 덩그마니 누워 있는 그녀는 아직도 싱싱해서 혹시나 살아날까 급하게 왕진을 청했지만 강한 태풍 한 칼에 그녀는 깨끗한 최후를 맞았다네요.

처음부터 보호할 걸……. 일찌감치 서두를 걸……. 소 잃고 외양간 고치기죠.

살아있는 다른 것들을 위하여 삼각형 든든한 지지대를 세워주며 그녀와는 아쉬운 작별을 고했습니다.

내 사랑 자작나무, 제일 오른쪽 끄트머리 첫 번째!

4부

믿음 이야기

우리는 성령 안에서 하나

무더위와 오랜 장마가 걷히고 두어 달이 넘게 만나지 못했던 순 식구들이 그리워질 무렵 문득 날아온 한 장의 편지는 낭보였다. 그것은 9월 8일 오후 7시에 경기도 포천에 있는 광림 세미나하우스에서 서빙고공동체 연합수련회를 개최한다는 전갈이었다.

"온누리 성전, 은혜의 물결이……."

1백 20석 좌석이 거의 빽빽하게 채워진 세미나하우스 회의실에서 온유2순 이영복 집사가 노랫말을 쓰고 은혜3순 김남균 순장이 곡을 만든 '서빙고공동체의 노래'가 힘차게 울려 퍼졌다. 5시 도착, 등록과 함께 방 배치를 받고 식사를 마친 7시, 본격적인 수련회가 시작되었다. 장로님, 권사님, 집사님, 대표들이 앞에 나가 율동과 함께 찬양 인도를 하고 목사님은 에베소서 4장 1~3절 말씀으로 '우리는 성령 안에서 하나'라는 주제의 말씀을 전하셨다. 과일과 다과를 나누며 화기애애한 친교의 시간도 갖고 양주동 간사의 인도하에 '사랑의 꽃 피우기' 등의 레크리에이션도 했다. 그리고 교회와 나라를 위한 진지한 기도회로 첫날 예배를 마무리했다.

둘째 날, 8시 아침식사 전까지 우리는 각자 자유로이 숲속에 들어가 하나님과 밀회를 나눴다. 9시부터는 온유4순 이남식 순장의 강의가 있었는데 '모든 이를 위한 디자인'이라는 주제 강의는 그 어디에서도 들어본 적 없는 색다른 내용이며 정보였었다. 잠시 휴식 시간을 가진 후 곧바로 수련회를 무사히 마치게 해주신 하나님께 감사드리는 찬양예배를 드렸다. 모두가 다 행복한 미소를 머금고 기념촬영으로 마무리했다.

내 생애 잊을 수 없는 1박2일, 숲속터널을 통과해 나오며 우리는 또다시 하나님의 위대하심을 절감했다. 그리고 권오연 권사님을 비롯해 이번 행사의 모든 준비위원께 감사의 박수를 드린다.

나는 하나님께 빚을 졌습니다 · 1
- 대담인터뷰

· 대담인터뷰 : CTS 기독교 TV 최선규 아나운서
신촌 성결교회 민서현 권사
· 장소 : 레스토랑 IOU
· 일시 : 2013년 7월 18일
· 방영시간 : 오전 9시 40분. 최선규 정애리의 '내가 매일 기쁘게'

내레이션 : 한강 북로를 달리다 보면 절벽 위로 IOU라는 간판이 눈에 띈다.

민서현 권사가 운영하고 있는 이 레스토랑은 서울 한강변에서 경치가 가장 좋은 명소로 꼽힌다. '나는 하나님께 빚을 졌습니다. I Owe You'라는 마음으로 주님께 올린 고백, IOU! 17년간 류머티스 환자로 살면서 한 쪽 눈을 실명한 남편의 눈이 되어 사랑의 빚진 마음으로 살아가는 그녀의 아름다운 삶의 이야기를 들어본다.

최선규 아나운서 : 안녕하세요? 반갑습니다.
민서현 권사 : 반갑습니다.
최선규 아나운서 : 정말 아름다운 곳이네요, 한강이 이렇게 한눈에 내려다보이다니……. 미인이세요, 정말 미인이세요. 올해 연

세가 어떻게 되는지 여쭤 봐도 될까요?

민서현 권사 : 글쎄요. 숙녀의 나이를 밝히기는 좀 그런데…….(웃음) 44년생 입니다. 일흔예요!

최선규 아나운서 : 네에! 아니, 이럴 수가……. 그런데 어떻게 이리 젊으실 수 있나요!

민서현 권사 : (웃음) 사실 제 나이를 알면 모두들 놀래긴 해요. 그런데 정작 본인인 저는 그럴 때마다 별 생각 없이 동안이셨던 저희 부모님을 생각하고 '유전인자가 그래요.'라고 농담처럼 지나치곤 했어요. 그러다가 어느 날 문득 '내가 만일 남편이나 아이들, 또는 누군가로부터 심한 스트레스를 받고 살았어도 지금의 내 모습이 되었을까 라는 의문이 들었습니다. 그리고 그날 비로서야 하나님의 은혜, 전폭적인 남편과 아이들의 신뢰, 그리고 이웃들의 사랑이 떠올랐어요, 그리고 제가 좀 낙천적입니다.

최선규 아나운서 : 제가 인터넷 검색을 해 봤더니 IOU가 한강변에서 가장 아름다운 레스토랑으로 나오던 데……. IOU 뜻이 무엇인가요?

민서현 권사 : "네. 영어로 'I owe You'입니다. '나는 하나님께 빚을 졌습니다.'라는 뜻이지요 저는 제 자신이 복 많은 사람임을 자인하며 살았어요. 그런데 그것이 남들한테 왠지 좀 미안하고 하나님께 빚진 마음도 들고 그랬어요. 2005년 5월 25일 결혼 35주년 기념일에 이정익 담임 목사님을 주례로 모시고 저기 저 아래 정원에서 앙코르 웨딩을 했지요. 그리고 2부 순서로 IOU 레스토랑 오프닝을 했는데, 레스토랑 상호

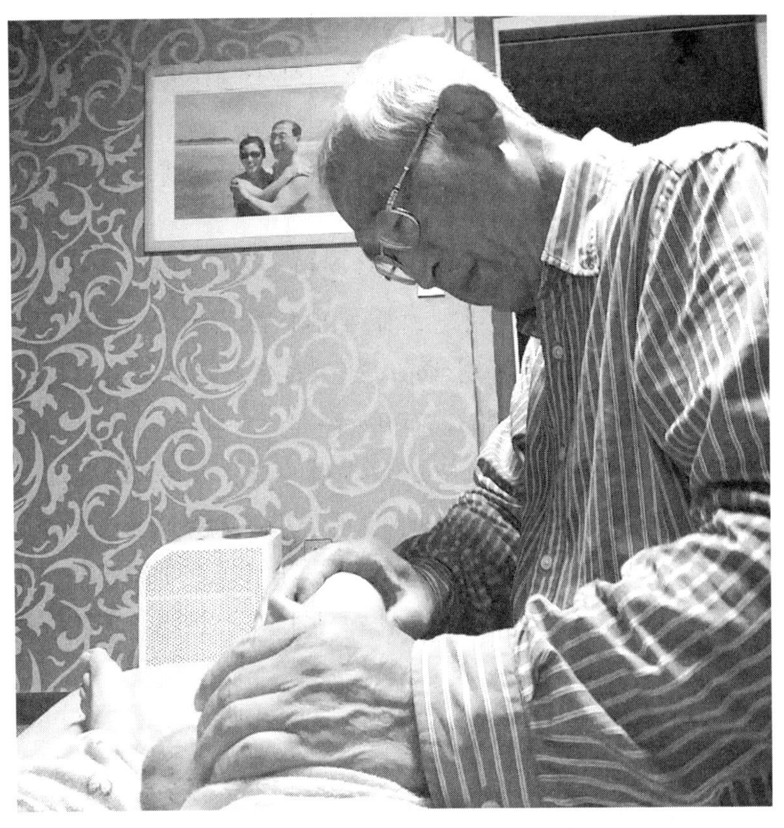

는 평소의 생각을 그대로 표현한 것이었지요.

최선규 아나운서 : 그러면 살림집은?

민서현 권사 : 1층으로 내려갔어요. 2, 3층만 레스토랑으로 리모델링을 했습니다. 이 집에서 살아온 지 벌써 17년이에요.

최선규 아나운서 : 평신도의 삶을 살기 위해 레스토랑을 운영하신다던데?

민서현 권사 : 아니에요. 이 아름다운 경관을 우리 식구끼리만 보는 것이 너무 아까워서 많은 이와 공유하려는 마음이었지, 무슨

대단한 의미가 있었던 게 아닙니다. 그러나 제 마음 중심에는 언제나 '하나님이 모래알처럼 숫한 사람 중에서 나를 이 집 주인으로 뽑아놓으셨는데…….'하는 사명의식이 있었고 저희 남편의 신앙관도 '삶의 현장에서 그리스도인으로 최선을 다해 사는 삶'입니다. 오시는 손님 한 분 한 분을 진정으로 섬기면 그곳이 교회이고 그곳이 천국이라는 거죠.

최선규 아나운서 : 남편 분과 처음 만난 이야기 좀 들려주세요.

민서현 권사 : 저는 숙명여대 음대에서 피아노를 전공 했습니다. 그리고 음대 학생회장을 했는데 어느 날 누가 학생회장을 면회 왔다고 해서 만나러 나갔습니다. 그런데 반듯한 체격이 한눈에 들어오는 한 남자가 자기는 신촌의 와우산에서 불우청소년들을 가르치고 있는 텐트스쿨 교장인데 '서울시내 6개 음대학생회장들이 모여서 불우청소년들을 돕는 자선 음악회를 열어 달라.'는 부탁을 하러 왔다고 했어요. 모든 준비는 자기들이 할 테니 연주자만 보내달라고요. 한 학교에서 두 가지씩만 맡으면 열두 곡의 프로그램이 만들어지기에 저는 그 자리에서 승낙을 했고 사실 그것은 지금 생각해봐도 너무나 참신한 발상이었습니다.

최선규 아나운서 : 그래서 음악회를 했습니까?

민서현 권사 : 물론 했지요, 한 달 후에 명동 YWCA에서 컬러풀하면서도 아주 따스한 6개 음악대학 합동연주회가 성대하게 열렸습니다. 그런데 문제는 그 다음에 일어났어요. 음악회가 끝나자 모두 앉아 기념촬영을 했는데 그 직후 제가 살짝 박순천 씨와 단둘이 사진을 찍었거든요? 공화당 당수이셨던 박순천 여사는 그

날 축사를 하러 오셨었어요. 순진했던 저는 그분과 찍은 사진을 당연히 받을 줄 알고 기다렸는데, 그 후 아무 소식이 없었습니다. 그런데 졸업 후 어느 날 광화문 퇴근길에서 텐트스쿨 교장이었던 그 남자와 우연히 마주쳤습니다. 저는 잘나가는 큰 회사의 오피스 걸이었고 그이는 새내기 신문기자였어요. 그가 대뜸 저에게 "아니, 어느 틈에 박순천 씨와 그렇게 사진을 찍었습니까?" 그때도 밤에는 여전히 교장인 그가 사진을 기다렸던 제 마음을 모르는 채 이렇게 너스레를 떨었어요.

최선규 아나운서 : 남편이 사진을 간직하고 있었나 보죠?

민서현 권사 : 네, 저는 사진 받을 욕심에 며칠 후 또 그를 만났지요. 그러다가 지금까지 같이 살아요.(웃음)

최선규 아나운서 : 결혼까지 얼마나 걸렸습니까?

민서현 권사 : 3년…….

최선규 아나운서 : 신앙생활은 어땠나요?

민서현 권사 : 저는 초등학교 때부터 교회생활을 했고 그이도 중간에 잠깐 안티로 돌아선 적 있긴 했지만 믿는 사람이었어요. 그런데 시댁에서 분가한 후 슬슬 주일을 범하다가 나중에는 아예 교회를 나가지 않았습니다.

나는 하나님께 빚을 졌습니다 · 2
- 대담인터뷰

최선규 아나운서 : 그러면 하나님께 매 맞을 때가 있었을 텐데요?

민서현 권사 : 맞아요.(웃음) 그이가 어느 날 갑자기 다니던 직장을 그만두고 친구 한 명과 함께 고무공장을 차렸습니다. 그러나 동업이란 것이 쉽지가 않잖아요? 실패했습니다. 그리고 그때부터 제가 생활전선에 나섰어요. 피아노마저 날려버렸기에 가가호호 출장 레슨을 다녔습니다. 심신이 피곤했던 이 과정에서 갑상선 종양이 발견되었어요.

최선규 아나운서 : 누가요? 권사님이요?

민서현 권사 : 네, 수술비를 마련 못해 쩔쩔 매고 있던 차에 신실한 믿음의 소유자이셨던 큰시누님이 우리가 그동안 잊고 살았던 주님 앞으로 저희들을 다시 인도해주셨습니다. 절체절명의 순간에 저는 하나님 손을 붙잡았고 남자들 목젖처럼 침을 삼키면 위아래로 오르내리던 작은 덩어리는 어느 틈에 사라졌어요.

최선규 아나운서 : 권사님은 또 류머티스로 고생을 하셨다고요?

민서현 권사 : 네, 발병한지 18년 되었어요. 갑상선 종양을 고침 받은 저는 '하나님이 고쳐주신 이 몸을 누가 감히 건드려?'하는 영적 교만이 내재해 있었고 타고난 강인한 체질만 믿고 너무 일 욕심을 냈었어요. 류머티스의 원인은 아직까지도 규

명 된 게 없지만 과로 현상이 이 병을 자초하지 않았나, 많이 회개 했습니다.

최선규 아나운서 : 치료는 어떻게 하고 계십니까?

민서현 권사 : 병원도 계속 다니고 있고 좋다는 방법은 모두 다 써 보았지만 결국 제 병의 회복은 제 남편의 정성에서 비롯되었습니다. 약 먹는 게 지겨웠던 저는 류머티스에 효과 있다는 어느 유명회사의 보조식품만 먹으며 약 3개월 간 약을 끊고 있었는데 어느 날 갑자기 감당할 수 없는 무서운 통증이 제 온몸을 엄습했어요. 다급한 나머지 옆에 있던 남편이 그때 제 몸을 정신없이 주물렀습니다. 그것이 처음에는 하루에 15시간이었고, 다음에는 10시간 정도 지금은 5시간 정도 만지는데, 오늘까지 벌써 만 5년 2개월이 지났어요.

최선규 아나운서 : 네에? 15시간? 만 5년 2개월……. 아니, 어떻게 그렇게 할 수가 있나요?

민서현 권사 : 네, 그렇게 쉼 없이 하다 보니 코끼리 다리처럼 두루뭉실 변해있던 제 다리가 점점 원형으로 돌아오면서, 묻혀있던 복숭아뼈도 드러나고 날씬했던 다리의 곡선도 살아나면서 차츰 차츰 극심한 통증으로부터 해방되기 시작했어요. 그러나 너무 오랜 세월 혹사당한 남편의 인대가 문제가 생겨 한때 병원치료를 받았습니다. 그래서 손가락 대신 발가락으로도 하고 의료시설이 열악한 오지에서 선교사들이 쓰는 꽈샤요법으로도 하는데 이것은 묵직한 물푸레나무 막대기 같은 것으로 온몸을 자근자근 쳐주는 방법이에요. 그러면 어느 때는 축축한 땀처럼 수분이 배어나올 때도 있고 어느 땐 또

이상한 냄새도 납니다. 이 류머티스의 독성이 얼마나 강한지 제가 체험한 바로는 겨드랑 밑의 연한 살갗이 눈 깜짝할 사이 한순간 석류 알 터지듯 쩍 벌어졌다가 순간 닫히는 모습을 눈뜨고 멍하니 내려다보게도 했어요. 그러나 하루하루 나아가는 재미에 남편은 아파하는 저를 어르고 달래면서, 저는 또 인내하면서 참으로 많은 밤들을 지새웠어요. 마사지를 오래 받으니 자연히 혈액 순환이 좋아져 피부도 맑아지고 몸이 탄탄해지는 이득도 없잖아 있지만 이 방법은 결코 권장할만한 것이 못 됩니다. 무지하게 아파요. 저 같이 단단한 여자나 하지 아무나 하면 큰일 납니다.(웃음)

최선규 아나운서 : 병원에서는 뭐라고 합니까?

민서현 권사 : 저의 주치의도 처음에는 갸우뚱했지만 이제는 인정합니다. 얼마 전 정기검진 때 염증수치가 나왔는데 거의 정상이었어요. 그래서 며칠 전 결혼 43주년 기념일 날, 음악동호인 여러분들과 저 정원에서 자축음악회를 했는데 참으로 오랜만에 드레스에 하이힐을 신었어요.

나는 하나님께 빚을 졌습니다 · 3
- 대담 인터뷰

최선규 아나운서 : 그런데 그렇게 헌신적으로 치료해준 남편께서도 건강이 안 좋으시다면서요?

민서현 권사 : 네, 결혼 전부터 그는 시력에 문제가 있었습니다. 하지만 다행히도 그것이 결혼 생활에 별 다른 장애를 주지는 않았지요. 그런데 25년 전에 망막 박리수술을 받았는데 그 때는 성공률이 매우 낮았습니다. 실패를 해서 한 쪽 시력을 잃고 말았어요.

최선규 아나운서 : 한 쪽 시력은 괜찮으신가 보죠?

민서현 권사 : 아닙니다. 시력이 안 나올 정도로 약시에요. 그런데다가 나이가 드니까 신문을 읽지 못하더군요.

최선규 아나운서 : 지금 상태는 어떠십니까?

민서현 권사 : 지금은……,(침묵) 지금은……, 아주…….(침묵) 나빠요. 전혀 안 보이는 건 아니지만 앞으로는…….(침묵) 글쎄요. 우리는 어디를 가나 팔짱을 끼고 다닙니다. 누가 봐도 너무나 정다운 커플이지요. 그러나 사실은 그는 저의 다리이고 저는 그의 눈입니다. 그런데 겉모습들이 너무 멀쩡하니 남들이 오해를 많이 해요. 특히 외국 여행을 가서 단체로 식사를 할 때 사지가 멀쩡한 남편은 가만히 앉아있고 다리 불편한 아내는 연신 음식을 나르니까 '자기 집에서나 왕노릇 하지

나와서까지 무슨 유난을……?'하며 사방에서 눈총을 보내요. (웃음)

최선규 아나운서 : 앞으로의 계획은 어떠십니까?

민서현 권사 : 제가 칠십이고 남편이 한 살 위입니다. 성치 않은 몸으로도 저는 성실하게 일했어요. 이제는 어디에도 매이지 않고 좀 편하게 살고 싶어요. 저 때문에 몇 년 간을 외출 못하고 살아왔던 남편이 제 건강이 좀 나아진 일 년 전부터 슬슬 서울 근교의 집터를 보고 다녔어요. 그러다가 원하는 땅을 찾아냈습니다.

최선규 아나운서 : 그럼 레스토랑 그만두시려고요?

민서현 권사 : 네, 당장은 아니지만……. 그러나 저희보다 더 소중하게 이 경관을 선용할 수 있는 사람을 만나면 언제라도 기꺼이 팔고 떠나려 해요. 그곳은 한 100여 가구되는 서울 근교로 정말로 아름답습니다.

최선규 아나운서 : 그곳에 가서 뭐하시게요?

민서현 권사 : 제 나머지 삶의 비전과 미션은 남편입니다. 저는 저에게 헌신한 남편한테 사랑의 빚을 갚는 것으로 제 인생의 성공여부를 가르려고 해요. 제가 아파 신음할 때 그는 언제나 추임새를 보내어 제가 혼자가 아님을 알려주었고 비닐장갑을 끼라고 해도 맨손으로 저를 만졌어요. 전기고문처럼 짜르르하게 퍼지는 내 전신의 진한 고통을 그도 고스란히 전달받으며 저의 독성을 공유했습니다. 그가 독성을 느끼면 '지금 은하수가 흐른다.'라는 우리끼리 만의 암호를 주고받으며 아픔 속에서도 서로 미소 지었지요. 저는 고난 속에서도 행

복했습니다. 이제는 남편 차례에요. 그리고 조용히 글을 쓰며 살고 싶어요. 70년도 결혼식 때 저희는 한 권의 수필집을 엮어서 하객들께 선물을 했는데 남편이 그 책에 『창세기』란 책 제목을 붙여줬어요. 성경의 '창세기'가 아니라 '새 세상을 창조하기까지의 우리들 기록'이란 의미인데 그 책 머리말에 저는 '25년 후 결혼기념일 날 또 한 권의 책을 내겠습니다.'라는 약속을 했지요.

최선규 아나운서 : 그래서 약속을 지켰나요?

민서현 권사 : 지켰습니다. 1995년 5월 25일 날 '걸레'라는 현실과 '마릴린먼로'라는 꿈과 환상을 한 몸에 지니고 살아온 제 자신의 삶을 고백하는 가족문고 『걸레를 든 마릴린먼로』를 냈는데 그것은 그 해 가정의 달에 베스트셀러로 선정되었습니다. 그리고 얼마 전 한 문학잡지에 응모하여 수필부문 대상을 받아서 한국문인협회 회원으로 정식 데뷔도 했고요.

최선규 아나운서 : 아, 권사님은 또 작가 선생님이시군요. 그럼 남편 분은 어떤 계획을 갖고 계시나요?

민서현 권사 : 그이는 그 시골마을을 좀 더 아름답고 진지하게 가꾸어볼 꿈을 꾸고 있어요. 마을 초입에 들어서면 어디선가 향긋한 꽃내음이 풍겨오고 누구나 편하게 건너서 다닐 수 있도록 개울가에 다리도 놓고, 함몰되어 있는 동네 연못을 살려내서 연꽃도 피우고 한 집에서 이것저것 여러 가지 심지 말고 한 가지씩의 야채만 심어 서로서로가 나누어먹는 공동체 비슷한 가족 같은 동네요.

최선규 아나운서 : 구체적으로 마을을 섬기시려고요? 알겠습니다.

무슨 뜻이신지……. 역시 삶의 현장에서 평신도의 좋은 본을 보이며 사시겠다는 것이지요?

민서현 권사 : 저는 우리 집 앞마당을 음악회도 하고 시낭송도 할 수 있는 야외공연장으로 만들려고 계획하고 있어요. 사면이 완전히 푸른 숲으로 덥혀있는 한가운데 터인데 정말 그림 같은 공간이에요. 살아보니 인생에는 리허설이 없었어요. 그때 그때가, 순간순간이 유일한 삶의 무대였습니다. 이제는 자연으로 돌아가 자연의 일부가 아니라 자연을 향유하면서 사계절을 가르는 바람소리에서도 하나님을 만나며 남편과 유유자적 순명의 삶을 살아가렵니다.

최선규 아나운서 : 아, 정말 멋지십니다, 권사님! 오늘 정말 행복한 데이트였어요, 고맙습니다. 권사님의 계획과 꿈이 이루어지시도록 저희들도 기도할게요.

민서현 권사 : 감사합니다.

내 생활의 원동력 '늘샘'

주일날, 나는 길가 좌우에 즐비한 숱한 교회를 지나치며 먼 길의 은천교회에 예배를 드리러간다.

주 예수 그리스도의 피로서 구원받은 성도는 누구나 한 형제자매로서 하나님 안에서의 가족들일진대 구태여 도화동 골짜기의 은천교회를 찾아오는 이유는 물론 하나님의 인도하심이라지만 남녀노소 스스럼없는 진실된 사랑 때문이 아닌가 싶다.

지난 연말 나는 참으로 감동적인 한 통의 편지를 선물로 받고 늘샘 성가대 지휘자로서의 보람을 확인했다.

민서현 집사님 전

집사님 일 년 동안 '늘샘' 성가대를 지휘하시느라고 수고 많으셨습니다. 가정에서 살림하시면서 자녀들 교육하시기에 바쁘시고 또 아이들 피아노 가르치시면서 바쁘시고 또 하늘같이 높으신 남편 뒷바라지 해드리기에 바쁘신 몸, 교회 나와 또 학생들 가르치면서 또 성가대 지휘하신다는 것은 너무나 힘이 든다는 것, 저는 너무 잘 알만 하기에 한편은 위로하면서 칭찬합니다. 너무 수고 많으셨습니다.

그 수고와 고생은 인정해주는 사람은 없겠지만 우리 하나님은 다 낱낱이 기억하시고 몇 배로 축복하실 줄을 의심하지 않고 확실히 믿습니다. 집사님 아무쪼록 내내 건강하시고 또 허 집사님도 내내 건강하시고 두 분이 하시는 사업들이 주 안에서 다 형통하기를 주님의 이름으로 기도하겠습니다. 두 자녀들도 주 안에서 늘 건강하고 공부 잘하고 가정에는 평화가 영원하시기를 주님의 이름으로 꼭 바랍니다.

- 12월 24일 밤 12시 김 권사 드림

내가 교회 부근에 살던 시절, 나는 김지삼 권사님의 구역원이었다. 그때 나는 권사님의 그 성실한 구역공과 준비에 어떤 신선한 충격을 받고 김 권사님을 존경하게 되었다. 어떤 체계가 있는 것도, 설득력이 있는 것도 아닌 한 지극한 촌부의 평범한 읊조림으로 구역공과를 인도하셨다. 그때 대학 노트 앞뒤에 빽빽이 받아쓴 깨알 같은 자필을 진지한 음성으로 열심히 읽어나가시는 무학력의 노 권사님의 모습은 그 어떤 부흥강사의 설교보다 호소력이 짙고 인상적이었다. 그 구역을 떠나 이사해온 지 어언 4년, 그러나 그 자애로운 눈길을 항상 내 주변에서 서성거려주셨고 연말에 인사조차 못 드린 나에게 이렇게 넘치는 선물을 먼저 보내주신 것이다.

예배의 마지막 송영이 끝나고 지휘대를 내려 뒤돌아서면 어김없는 또 한 분의 권사님이 벙글 웃으시며 내 손을 잡는다.

"민 집사님 수고 많으셨습니다."

언제 어디서나 젊은이 같은 정열적 분위기를 휩싸 안고 다니시는 김화녀 권사님, 한겨울 빙판길의 위험 때문에 털신과 발등을 새끼줄로 함께 칭칭 동여매고 예배드리러 나오시는 그 모습의 딸을 하나님은 얼마나 어여쁘고 사랑스러운 눈으로 보셨을까?

"우리 지휘자님을 모셔다 드려야지." 집 방향이 같은 은천교회의 대부 지창근 장로님은 언제나 짓고 다니시는 그 특유의 미소 위에 조금 더 진한 악센트의 미소를 띠우시며 승용차의 핸들을 잡으신다. 장로님 뒷좌석에 앉은 나는 항상 장로님의 겸연쩍고 수줍고 부끄러운 듯한 한 중얼거림을 듣는데, 예배가 끝나고 쭉 걸어가시는 차창 밖의 목사님, 장로님, 집사님, 성도님들을 내다보시며 "어이, 미안하외다, 미안하외다." 하시는 것이다. 한 교회를 세우시고 대기업체를 이끌어가시는 연로하신 장로님이 걸어가는 성도들에게 승용차를 타신 당신이 면구스러워 "미안하외다, 미안하외다."하는 겸손은 참으로 현대 교회에서 보기 드문 장면일 것이며 나에게 많은 깨우침을 주고 성가대 봉사를 통해 얻어진 또 하나의 소득이다.

서로가 위로하고 서로가 격려하며 사랑의 띠로 줄줄이 엮어진 우리 은천교회, 음악전공을 했다 하지만 실제로 성가대 지휘엔 백지인 나에게 이강렬 장로님의 은근한 지원도 나에게 큰 용기를 주셨다. 예배가 끝나고 서로 눈이 마주치면 장로님은 아무도 모르게 엄지손가락을 내세워 잘했다는 사인을 보내주시고 또 어떨 때는 등을 두드리며 칭찬해주신다.

성대가 고운 것도, 테크닉이 있는 것도 그렇다고 넉넉한 시간이 있는 것도 아닌 중에 오직 순종 하나만으로 이루어진 우리의 '늘샘'! 지휘대에 올라서서 나는 천사처럼 피어나는 평화스런 대원들의 얼굴을 내려다본다. 여기에서 얻어지는 영적, 육적 양식은 알게 모르게 나를 살찌우고 그 원천에서 흘러나오는 무한한 은혜는 내 생활의 원동력이다.

신념이나 우정, 어떤 사상의 결합체가 아닌 그리스도의 보혈로 맺어진 우리의 '늘샘'은 하나님의 축복 속에 영원할 것이다.

여행은 노래와 섬김을 싣고

가을이 깊어가며 우리가 살고 있는 산촌에는 찬 서리가 내렸다. 이제 곧 어김없는 겨울이……. 눈 나쁜 남자와 다리 아픈 여자가 며칠 전 병원에서 내린 류머티스 완치 진단 기념으로 여행길에 올랐다. 영하의 새벽길을 뚫고 전라북도 김제로. 해마다 열리는 '하동어울림 축제' 예술부문 무대 위에서 우리는 파인 김제겸님이 추천한 '고난을 딛고 승리한 부부'로 소개되어 내가 작사한 노래 「그대의 은발」을 불렀다. 시니어들이 주된 관객이어서인지 멘트 군데군데 공감의 박수가 터져 나왔고 공연 후 몇몇 분은 일부러 찾아와 격려해주셔서 얼마나 보람 있었는지…….

하룻밤을 묵고 변산반도 해안가로 드라이브. 쉬엄쉬엄 차에서 내려 젓갈도 사고 싱싱한 생선회도 실컷 먹고 철썩이는 파도소리 들으며 해변도 거닐고 낙조가 드리워질 때까지 바다를 바라보며 한생을 반추했다. 그리고 새로운 삶도 디자인했다. 가장 짧았던 여행이었지만 가장 길고 풍성했던 잊지 못할 여행이었다.

파인 님, 감사합니다.

담배

오늘은 비가 와서 주일 예배 가는 것을 포기했다. 이쪽 주말의 혼잡한 도로 상황으로 인하여 콜택시가 들어오지 않기 때문이다. 날라리 신자인 나는 인터넷 예배를 드리면서 내심 열악한 환경을 은근히 즐겼는데 남편은 심난하다.

교회를 안 갔기에 담배를 못 피웠다. 교회를 갔으면 담배를 피울 수 있는 건데……. 이 아이러니를 아는 사람은 알고 모르는 사람은 몰라도 된다. 절대로 한 보루씩 담배를 안 사는 남편, 일주일에 두 갑만 피워보려 애쓰는 남편이 안쓰러워 한 마디 쓴 소리도 못 하는 아내…….

일요일은 담배 사는 날, 우리 마을에는 가게가 없다. 최소한 신원역까지는 나가야 한다.

교회를 안 가면 담배를 못 피우는 이 남자를 위해 하나님, 아예 우리 교회를 가지 말까요?

요술램프

현관문을 열고 보니 문 앞에 조그만 상자 하나가 있다. 이게 뭐지? 집어보니 무게도 거의 없는 사과 알만한 택배상자, 발신자가 김문숙 목사님이다. 폐암 4기 환자인 그녀는 작년 봄에 우리 집 뜨락의 쑥인절미 이야기를 쓴 내 카페 글을 읽고 '먹고 싶다.'는 빈 소리를 했었는데 '혹시 입맛을 찾을까?'하여 소량의 떡을 보낸 적이 있다. 그때 위기를 모면한 그녀는 그 후 이따금 부딪치면 언젠가는 답례를 하겠노라 벼르곤 했었다. 조그만 상자를 어떻게 단단히 봉했는지 테이프가 겹쳐진 데는 떨어지지도 않는다. 도대체 이것이 무얼까?

드디어 상자가 열렸다. 한눈에 들어오는 고급스런 무늬의 천 뭉치, 엄지 검지 두 손가락으로 당장 그것을 끄집어내니 줄줄이 헝겊의 행렬이 이어진다. 마침내 '짠'하고 나타난 건 시원한 여름바지! 얇은 천인데도 아주 도톰해 보이는 착시 현상이 있다. 작은 거인 김 목사님답다. 꼭 자기 체형 같이 작고 작게 똘똘 감아서 야무지게 상자 속에 쏙 박아 넣은 것이.

요술램프! 불현듯 어릴 적 동화속의 요술램프가 떠오른다. 김 목사님이 보내준 바지 하나로 올여름은 가고 나의 유년은 그만큼 멀어졌다. 요술 같은 인생만사!

원로시인 김문숙 목사님은 답글로 다음과 같은 시를 보내오셨다.

그대는 어떤 친구인가

- 아침 즉흥시

한은총 김문숙

맑은 동치미에
살얼음 하얀 무 조각
동동 뜨듯
올해 가을 귀뚜라미
소리 참 맑구나

인간의 욕정이 없는
사는 동안의
모든 소리는 다 아름답다

바람소리 꽃 피우는 소리
해 뜨고 지는
별 뜨고 달 뜨는 소리
큰 강물 작은 시내
달 씻는 소리

그리고 더욱 아름다운
그대의 노랫소리
그대는 하늘 어디서 살았는가

선한 이웃

저녁 준비를 하려고 무심코 수도꼭지를 틀어보니 물이 안 나온다. 상수도가 아닌 지하수였기에 물 끊길 걱정을 해본 적이 없던 나는 한순간 절벽 앞에 마주선 듯 막막함을 느꼈다. 이사 온 첫날부터 우리 부부의 해결사 노릇을 해주셨던 박 권사님한테 별 수 없이 또 전화를 했다.

"모터가 나간 것 같은데 나 지금 남편하고 통일로 쪽에 나와 있어요. 제가 잘 아는 분이 있긴 한데 지금은 그 일을 접고 식당 주방장으로 일하는 중이라서 바빠서 어떻게 할는지……. 암튼 오늘은 너무 늦었고 천상 내일이나 돼야하겠네……."

전화기 저 멀리서 박 권사님 음성이 들려왔다.

"아이구, 권사님, 보이차 끓여 놓은 식수도 있고 화장실도 여러 개니 하루 저녁은 문제없이 지낼 수 있어요, 그분하고 연결만 시켜줘요." 밖에다가 빗물 받을 양동이를 내다놓고 '과일이나 씻어 먹고 말자' 무심하게 수도꼭지를……. '아, 참, 물 안 나오지…….' 제습기, 문득 제습기에 시선이 갔다. 난민이란 것이 바로 이런 거구나…….

제습기에 들어 차있는 물을 한 방울이라도 흘릴 새라 조심조심 정성껏 따라서 소중하게 자두와 거봉을 씻고 냉동실의 떡을 꺼내어 전자레인지에 돌렸다. 제습기 물로 과일을 씻어 먹는 여자, 근검절약의 표창감이다. 이튿날인 오늘 아침, 박 권사님이 양수리에 가서 기술자인 주방장을 태우고 우리 집에 나타났다. 새벽 기도를 마치고 그 사람이 나오기를 기다렸다가 잡아왔단다. 사고의 진상은 땅밑으로 묻혀 지나간 전선이 어디선가 끊겨져 나가 지하수 모터와 연결 되지 않고 있다는 것……. 모터 고장이 아닌 것만으로도 '후우…….', 한숨을 돌렸다. 땅을 파고 새 전선을 묻는 것이 최선이지만 시간도 경비도 만만찮으니 철물점에 가서 감아놓고 파는 전선을 사다가 테라스에 연결해놓고 쓰란다. 그는 외모도 내용도 아주 보기 드문 신사였다.

이때 선뜻 박 권사님이 나섰다.

"알았어요. 민 선생님, 제가 지금 나가서 전깃줄 사다가 연결 시켜 드릴게요, 제가 또 이 방면에 박사가 아닌감요! 하하."

소아마비로 지팡이를 짚고 다니는 올해 칠순의 박 권사님이 어린 종달새처럼 지저귀며 기술자를 옆에 태우고 쌩 하니 왔던 길을 되돌아 나간다. 이리하여 사고가 난지 불과 몇 시간 만에 지하수는 다시 콸콸 쏟아지고 끌어 내려졌던 항아리들은 얌전하게 본연의 제자리로 돌아가 앉았다. 남의 일을 진심으로 내일처럼 생각하며 발 벗고 도와주는 이웃사촌을 직시하면서 나는 이따금 내 자신이 너무나 부끄러워 어디론가 숨어 버리고 싶을 때가 많다.

'오늘은 누구를 어떻게 돕게 될까? 막연한 설레임이…….'

커피 한 잔을 앞에 놓고 그녀는 하나님이 주신 이 달란트를 생의 마지막까지 잘 사용 하겠다며 환하게 웃는다. 너무나 흔히 써서 결코 입 밖으로 나오지 않던 말, 오늘은 용감하게 저도 한 번 써보겠습니다.

"사랑해요, 박영희 권사님!"

시그마와 샤넬

벌써 재작년부터 시그마님은 우리 집 포도나무에 지지대를 세워 주겠노라 말해왔다. 그러나 그레고리팩이라는 별명처럼 그는 준수한 외모에 한 병원의 부원장으로 은퇴한 영국신사였기에 나는 그를 별로 신뢰하지 않았다. 그런데 어찌하랴……. 비료도 주지 않았는데 올해는 웬일인지 벌써부터 포도 넝쿨이 무성해져 축대 밑 저 아래까지 뻗어나가고, 펜스 틈바귀 사이로 교묘하게 비집고 들어가서 저희들 끼리 엉키고 엉켜 난장을 이루고 있는 것이다.

재능기부를 하겠다는 시그마님을 제켜두고 다른 인부를 사기도 뭣해서 나는 카톡을 하는 중에 은근슬쩍 마음을 떠봤더니 반색을 한다. 품삯으로는 고봉밥 한 그릇만 주면 되지만 시다는 한 사람 데리고 갈 테니 시다 밥도 한 그릇 추가하란다.

오늘 1시 반에 시그마님이 나타났다. 자신의 승용차에 오만가지 연장과 시멘트를 싣고 한들거리는 유백색 블라우스 차림인 샤넬님과 함께……. 일할 사람 복장이 틀렸다고 대뜸 핀잔부터 주었더니 두 팔 한가득 안고 들어온 꿀참외를 내려놓으며 찢어진 청바지의 구멍을 보여준다.

돼지고기 삼겹살에 와인을 곁들여 점심을 먹고 있는데 한동안 들리지 못했던 큰손자 원이가 불현듯 들이닥치는 바람에 얼떨결에 보조 하나가 늘어났다.

전기톱, 망치, 줄자, 총 쏘는 못 박는 기계 등 연장들을 들고 작업을 개시했다. 버팀목 자르기, 지지대를 땅에 묻어 고정시키기. 하이고오, 그런데 왜 그리 무거운 시멘트 지지대를 연약한 시다 1이 날라 오느냐구요. 힘이 펄펄 나는 시다 2는 포도나무에 비료를 준 후 꾹꾹 한 발로 땅이나 다지는데…….

콩새할머니는 콩닥콩닥 바쁘게 쫓아다니며 '노가다판에 새참이 없으면 안 되죠?'하면서 쑥 인절미를 내온다.

지지대 준비완료 후 기념촬영을 했다. 드디어 받침목이 세워졌다. 우뚝 선 기둥, '이제 이엉을 얹어야지요?' 비닐 끈을 잘라서 입에다 여러 개를 함께 물고 늘어진 포도나무 넝쿨을 끌어다가 한개씩 붙들어 매는 시그마님! 이 장면은 완전 프로다. 그래서 제일 멋지다

운치 있는 풍성한 포도나무 잎새들……. 마당 한켠에선 이팝나무 하얀 꽃이 피어나고 옹기종기 모여 있는 작은 항아리에는 희한하게

도 아주 쬐그만 벌집 하나가 지어지고 있는 중이다.

"와, 예술이네……. 포도나무 지지대 하나가 집안 분위기를 이토록 그윽하게 바꿔놓다니……."

땅거미가 진 어둑어둑한 마당에서 주섬주섬 흩어진 공구들을 챙겨 차에 실어놓은 후 땀범벅이 된 시그마님은 샤워실로 뛰어 들어갔다. 얼마 후 말끔하게 본연으로 돌아온 시그마님, 노동 후의 상쾌함을 논하며 유유자적 와인을 즐기는 이 시대의 진정한 멋쟁이여!

완벽했던 시다1은 샤넬, 60이 넘은 남의 아내요, 3남매의 엄마이다 보니 내 며느릿감으로 찜할 수도 없고……. 대안학교 출신답게 삽질도 세련되었던 시다2는 우리 손자 원이다.

퇴근시간을 오버하며 음식을 만들어준 주방의 김 권사님……. 방금 만들어서 채 식지도 않은 식혜 한 병씩과 두 덩어리 작은 인절미에 함박웃음을 지으며 일행은 밤 10시에 백악관 현장을 떠났다

선한 이웃! 사이버 친구로 만났지만 우리는 오프라인 친구 이상이다.

"나의 친구들 시그마님, 샤넬님!"

복숭아꽃 사과꽃 명자나무꽃

나무도 심는 시기가 있다면서 다리를 다쳐 절룩대는 모습을 한 채로 노래하는 정원사 핀오크 님이 아홉 그루의 나무를 싣고 와서 심어주고 방금 떠났다.

기존에 있던 포도, 매실, 모과, 보리수, 대추, 자두, 라일락, 단풍나무, 자작나무, 전나무 외에 오늘 심은 사과, 배, 복숭아, 감, 목련, 명자나무까지 합해놓으니 그야말로 천하가 다 내 것만 같다.

오월 초에는 텃밭에 상추도 심고 고추, 토마토, 가지, 호박, 깻잎, 그리고 주스 용 채소도 심어 막 뜯어 바로 먹는 야채의 신선함을 맘껏 즐기리라.

'그만하겠다, 그만하겠다.' 해마다 마음속 다짐을 하면서도 해마다 더욱더 톰방톰방 빠져 들어가는 전원생활의 재미여!

근데 말이에요. 요것들, 우리 부부 둘이서는 다 못 먹어요……. 나눠드릴 테니 오실래요?

아름다운 사람들

교회 앞 작은 화단을 들여다보면서 '우리 현관 앞도 잔디 치우고 이렇게 꽃밭으로 만들까?' 혼자 중얼거린 적이 있는데 그때 내 곁에는 우리 마을 신 집사님이 있었다. 엊그제 신 집사님으로부터 전화가 왔다.

"실은 제가 전원생활을 제대로 즐겨보려고 원예조경을 배우고 있거든요? 수강생 몇 명과 민 선생님 댁에 가서 재능기부를 하고 싶은데 어떠세요?"

장마 그치면 제초 작업하기로 약속한 임 사장님께 즉시 양해를 구 했더니 흔쾌히 OK! 그래서 오늘 중세 음악사에나 나옴직한 분위기 그윽한 재능기부자들을 맞아들였다. 이름도 성도 모르는 채 냉면 한 그릇씩만 조용히 비우고 바로 작업 개시에 들어간 건, 비가 쏟아질 거라는 일기예보 때문.

오늘의 제일 중요한 과제인 제초작업을 맡으신 분은 은퇴 후 13년간 전원주택에서 사시는 분인데 이런 베테랑이 원예반 학생이라니……. 또 제초기가 스쳐 가면 금방금방 쓰러지는 잡초더미를 처리하는 분은 엄청나게 키가 자라있는 잡초들 때문에 갈퀴질이 만만찮았을 터. "욕심이 대단하시네요. 사과, 배, 포도, 복숭아, 대추, 모과, 매실, 보리수……. 도대체 이게 몇 가지입니까?"라고 말하면서도 음식물 구덩이도 파주고 대빗자루 찾아다가 마무리 비질까지 하셨다.

지성적인 외모를 가진 신 집사님은 보기와는 달리 억센 잡초와 오래된 잔디도 아주 수월하게 다룬다. 남편 강 집사님은 자작나무 밭의 잡초 제거를 배당받았는데 아내가 안쓰러우니 자꾸만 아내 영역을 넘보다가 아예 침범해 들어왔다. 그러나 신 집사님은 '당연히 그래야지…….'하는 표정으로 쨍알쨍알 잔소리마저 지저귀고, 남편은 그런 아내를 빙글빙글 웃으며 응대한다. 창고에서 오랫동안 잠자고 있던 비료를 찾아내어 곡괭이로 비료 포대를 내려치니 내용물이 좌르르 흘러나온다. 아주 좋은 거름이란다. 강 집사는 얼굴이 땀범벅이 되어 내동댕이쳐진 잔디와 잡초 등을 쓸어안고 대문 밖으로 가고…….

이제는 마무리 단계다. 어제 준비해 둔 꽃화분을 가져다가 막 만들어진 새 꽃밭에 옮겨 심는다. 남편은 화분을 거꾸로 들어 올려 흙채로 쏙 뽑아서 파놓은 구멍에 내려놓고 아내는 긴 호수의 물을 살살 뿌려가며 뿌리를 땅에 다지고 다진다. 드디어 지구 한구석에 예쁜 꽃밭 하나가 탄생했다. 냉면 먹은 시간까지 합해서 딱 세 시간 반 만이다. 신 집사님의 작은 관심 하나가 순식간에 밀림의 왕국인 우리 집을 스마트하게 바꿔주었다.

제초작업 중 갑자기 멈춰 버린 제초기를 즉석에서 고쳐낸 남편에게 "거봐, 당신이 참여해서 얼마나 많은 사람이 덕을 봤어? 재능기부의 이런 보람을 어디서 찾아?"라고 아내는 녹초가 된 남편을 위로하며 다정하게 언덕길을 내려간다.

"앗, 자동차 키 두고 왔네?"

갑자기 강 집사님이 내려가던 길을 멈추고 뒤돌아섰다.

오늘 나는 정말 오랜만에 큰소리로 맘껏 웃었다. 사랑스런 젊은 한 쌍이 바로 눈앞에서 티격태격 대는데 얼마나 눈부시든지…….

일기예보가 완전히 빗나가서 더욱 더 눈부셨던 하루!

오 신실하신 주

바리톤 고성진 교수님이 방금 오늘 대치동 서울교회의 비대면 주일예배에서 특송하신 찬송가 447장 '오 신실 하신 주' 동영상을 보내오셨다. 보이지도 않는 코로나19로 인하여 기존의 공간들이 한순간에 무너지고 인류 전체가 똑같은 과정을 다 함께 지나가고 있는 요즈음 교인석은 물론 성가대석은 텅 비어 썰렁하다. 목사님 외 사회, 기도, 특송, 오르간니스트, 피아니스트, 방송실 등 최소 10명의 인원이 모여 드린 오늘의 예배. 그럼에도 불구하고 우리는 "오 신실하신 주 내 아버지여 / 늘 함께 계시니 두렴 없네"라고 찬송한다. "그 사랑 변찮고 날 지키시며 / 어제나 오늘이 한결같네"라고도 고백한다.

어쩌면 우리는 이전과 같은 자유로움을 다시는 누릴 수 없을지도 모른다. 우리는 다시 태어나서 다시 출발해야 함이 옳을지도 모른다.

"오 신실하신 주 오 신실 하신 주
날마다 자비를 베푸시며
일용할 모든 것 내려주시니
오 신실하신 주 나의 구주…"

광야에서 외쳤던 요한의 음성이 어쩌면 고성진 교수님의 우렁차고 웅혼한 저 음성과 꼭 닮았을 것만 같다.

우 권사 힘내요

"언니라고 불러도 되지요?"

우리 집에 새로 들어온 요양사 우 권사가 우리 집 출근 후 두어 달 쯤 지나자 당돌하게 이렇게 말했다. 잠시 혼란스러웠지만, 그리고 염려스러웠지만…….

"뭐, 그렇게 부르고 싶다면야……. 좋도록……."

박절하게 안 된다고 말하기도 거북해서 우물우물 승낙을 했다. 그런데 호칭이 바뀌니 우려한 대로 그녀의 언행이 방자해졌다. 내 귀에도 거슬리는데 말소리만 듣는 남편은 오죽했으랴.

"이 산 중턱까지 찾아와줄 도우미는 그리 많지 않아요. 제발 부탁이니 일 저지르지 마세요."

내가 수시로 그렇게 당부했건만 그이는 마침내 그녀를 앉혀놓고 정식으로 나무랐다.

"회장님, 죄송합니다. 잘못했어요. 제가 언니를 너무 좋아하다 보니 저도 모르게……. 앞으로 조심하겠습니다."

그녀는 순순히 자신의 잘못을 인정했고 또 반성하는 눈치였다. 혹 그만두면 어쩌나 했는데 반대로 더 성실히 더 열심히 우리를 도와주었다. 사실 못 고치는 말투 하나가 그렇지 어디 하나 나무랄 데가 없는 보기 드문 사람이었다. 그리고 그녀는 기꺼이 내 오른팔이 되어주었다.

이혼한 후 혼자서 남매를 키우며 지금까지 20여 년을 살아온 여자, 밝고 명랑한 성품에 씩씩하면서도 그윽한 향기마저 감도는 신심 깊은 여자, 게다가 막히는 게 하나 없는 만능 재주꾼이다. 어느 사이 내 친정 여동생들이나 내 자식들과도 한데 버무려지는 친근한 사이가 되었고 나는 그녀에게서 많은 것을 배운다. 그런 그녀가 몇 달 전 교통사고를 당해 병원에 입원을 했다. 생업이 중단되고 일상이 무너진 가운데서도 그녀는 의연하게 대처해나갔고 한시도 사람 없이 못 사는 우리 집엔 새사람이 들어왔다. 두 발목이 심하게 골절된 그녀는 꼼짝없이 몇 달 간 병원에 있어야 할 상황, 회복된다 해도 원대복귀하게 될지도 미지수이다. 설상가상 세 들어 살고 있는 그녀의 집까지도 갑자기 팔려 나갔다. 살던 근처에서 집을 못 구한 그녀는 궁여지책 연고가 있는 서울 연신내로 거처를 정했고 7월 6일 오늘이 이사하는 날이다.

이 새벽에 테라스에 앉아서 병상에서 주고받은 그녀와의 카톡들을 읽어본다. 함께했던 지난 1년 반의 사진도 찬찬하게 들여다보았다.

"언니……. 난 여기 올 때 이 숲길하며 입구의 꽃길하며, 너무 행복해……. 남들은 내 처지를 가엾이 여기지만 나는 왜 내 스스로가 불행하지 않지? 아무래도 나는 바보인가 봐……."

유유히 운전을 하며 흘러가는 남한강에 시선을 던지던 우 권사 얼굴이 피어오른다. 그리고 몹시 보고 싶다. 방금 통화를 했다.

"잘 살아요……. 가서 연락하고……. 통장으로 격려금 조금 보냈으니 찾아 쓰구……."

"언니는……. 또, 고맙습니다……."

서로 말문이 막혀 오래 통화하지 못했다. 자꾸 눈물이 흐른다. 왜 이리 눈물이 흐르지? 여기까지 이 글을 쓰고 나니 딸네 집에 손녀 봐주러 떠나던 날의 지난번 간병인, 얼굴이 동글납작한 '아우님' 생각이 난다, 그녀와 헤어질 때도 이렇게 가슴이 아팠었지……. 그리고 또 생각했다.

'내가 정말로 늙어가고 있구나…….'

'혹시 내가 이제는 사람을 그리워하는 거 아닌가?'하고…….

꿈꿀 자유

새해 들어 우리 교회 동아리에 원예조경반이 신설되었다. '옳거니!'하고 나는 무릎을 쳤다.

나무는 쑥쑥 자라는데 속수무책 바라보기만 했던 많은 날들……. 이웃에 사시는 강 집사님이 함께 가자고 해서 우리는 오늘 수능리 현장 실습장인 한 장로님 댁으로 갔다.

하늘은 맑고 포근하고 방장 김 집사님은 벌써부터 사다리 위에 올라가 자르기 시범을 보이고 계신다.

'과수는 가운데 부분이 통풍이 잘 되도록 성글게 자른다. 곁가지를 자를 때는 원가지에서 아주 바싹 자른다. 옆가지를 자를 때는 반드시 눈 위에서……, 애초에 나무 전체 모양을 구상해놓고 자른다.'

소나무 전지도 배웠는데 '겹친 가지들을 솎아 내는 것은 다른 나무들과 같은 원리이지만 소나무 끝부분의 전지만은 반드시 V 자로 잘라야 한다.' 등……. 대추나무 전지, 줄장미 전지……. 방장님은 하나라도 더 가르쳐주고 싶어 대문 밖으로 뒤꼍으로 우리들을 데리고 다니지만 나이든 학생들은 한 시간이 넘어서자, "아직도 안 끝났어요?"하며 나타나신 안주인의 등장을 환하게 반겼다.

안주인의 정성 깃들인 따끈한 전복죽에 짭조름한 밑반찬(매실, 산초, 고들빼기)을 얹어 먹으니 그제야 둥글게 둘러앉은 팀원들의 미소 띤 얼굴이 하나씩 눈에 들어왔다.

후식으로 나온 다과를 들면서 앞으로의 계획을 의논 하는 등 정담을 나누다가 산듯하고 가벼운 마음으로 각자 집으로 돌아왔다. 자연석의 가치보다 그 속에서 뽑아낸 다이아몬드가 더욱 값지고 아름다운 것처럼 원석 같은 내 집 뜨락의 나무들을 다이아몬드로 키워보리라.

그 나이에 꿈도 야무지다고요? 그래요, 꿈 꿀 자유는 누구에게나 있잖아요? '내일 지구가 망하더라도 오늘 사과나무를 심으라.'고 했는데 까짓것 내 집 뜨락에 다 심겨져 있는 과일 나무 몇 그루쯤이야!

예수가 없는 예배당들

리더십의 하나 됨을 위한 <서빙고영등포공동체>의 수련회가 지난 3월 5일 양지파인리조트에 있었다.

이날 모인 리더들은 '소그룹인도의 실제' 및 친교훈련 등의 프로그램을 통해 더욱 잘 섬기는 리더가 될 것을 다짐했다.

일곱 명의 은혜1순 순원들이 두 대의 승용차로 경기도 양지 파인리조트로 출발한 것은 오전 8시였다.

풍족한 생활은 아니지만 그래도 언제나 행복했던 우리 가정에 요즘 들어 다가온 어두운 그림자, 큰아이 건강에 문제가 생겨 차창 밖으로 스쳐가는 산하는 그래서 쓸쓸하고 서글펐다. 웅성웅성 스멀거리는 봄의 전령이 숲속 사이사이로 언뜻언뜻 보이는 아침 햇살에 묻어났지만 연초록의 새순을 상상하며 가슴 뛰었던 이전의 나는 이미 거기 없었다.

'온누리교회 서빙고영등포공동체 리더십수련회'라는 안내 플말 앞에 차를 세우니 제일 먼저 눈에 들어오는 건 폐장을 앞둔 황량한 스키장!

엘리베이터로 11층에 올라가니까 따끈한 커피와 소보루빵, 그리고 먼저 온 다른 팀들이 있었다. 자주 보는 얼굴들이지만 이렇게 낯선 장소에서 부딪히는 만남은 사뭇 감동적이고 신선하기까지 하다. 등록을 마친 후 제각기 명찰을 받고 회의장에 들어갔다.

준비찬양이 시작되고 얼마 있지 않아 스포츠머리에 노타이차림의 민명요 목사님이 단상에 올랐다. 어느 시골에서 아주 바쁘게 이곳저곳 불려 다니며 궂은 일만 도맡아 하는 성실한 머슴 같은 인상의 민 목사님은 '충직한 청지기'란 성경의 이미지와 너무나도 잘 어울리는 분이었다. 그러나 일단 강대상에 올라서기만 하면 그 만만치 않은 카리스마가 군중을 사로잡고 그 흡인력 있는 설교는 우리들의 골수를 쪼갠다.

「소그룹 인도의 실제」란 제목으로 김영희 목사님의 특강도 있었는데 '소그룹의 중요성에 대해서', '순예배시의 도입기술에 대해서', '순예배시의 성경공부에 대해서' 간단명료하게 순예배의 방향을 하나로 꿰뚫어주셨다.

'온누리교회의 특성은 다른 교회와 달리 화려한 이벤트가 많다는 것입니다. 하지만 그것은 자칫 가장 중요한 예수님을 빼놓는 오류를 범하기 십상입니다. 예수가 없는 예배당이 이 땅에 얼마나 많이 존재하고 있는지요? 그러나 온누리엔 순예배가 있기에 그 모자람이 보완되어 있고 그렇기에 평신도인 여러분의 사명은 목회자보다 더 크고 막중합니다.'라는 말씀이 심금을 울렸다

버섯전골로 점심식사를 마치고 정형권 전도사님의 인도로 '공동체 친교훈련' 시간이 있었다. 영화 '닥터 지바고'의 주인공 오마샤리프 같은 심각성에 익살스런 표정의 눈썹 짙은 정 전도사님은 우리를 까마득한 유년기로 잠시 되돌아가게 했다.

2시 30분부터 경건한 성찬식이 있었다. 그리고 기도회로 이어졌다. 자신을 위해 기도하고 낯모르는 사람을 찾아가 서로가 손을 잡고 상대방을 위하여 기도하는 시간, 나는 여기서 예수님 앞에 짐을

내려놓듯 이름도 성도 모르는 어느 자매 앞에 내 짐을 내려놓고 한없이 울었다.

기념촬영을 한 후, 쟝 바니에 원작인 『희망의 공동체』라는 책을 하나씩 선물로 받고 우리는 또다시 삶의 현장인 각자의 처소로 향했다. 참석자 전원이 모두 일어나 혼성 4부합창으로 바쳤던 오늘의 특송 「내 영혼의 그윽이 깊은데서」가 돌아오는 차 속 내내 내 가슴에 메아리쳤다. 아침녘 출발 때의 무거웠던 마음도 어느 사이 깃털처럼 연하고 가볍게 녹아 흘렀다.

신사와 종달새

눈발이 희끗거리는데 강 집사 내외가 예배드리러 가자고 태우러 왔다. 이름도 특이한 강서구, 신숙주 님 내외, 남편은 과묵한 젠틀맨이고 아내는 싱그러운 종달새로 아주 잘 어울리는 한 쌍이 어느 날부터 내 인생의 울타리 안으로 들어왔다. 타락해가는 종교계의 현실을 비통해하면서 교회 뜨락에서 멀어진 내 남편.

덕분에 나는 모처럼 그이와 잠깐 떨어지는 시간을 벌었고 덤으로 주일이면 큰 어르신이 되어 신 집사 내외의 부축을 받는 호사를 누린다.

예배를 마치고 돌아오는 산촌의 설경……. 병풍처럼 둘러쳐 있는 나목의 숲들이 일제히 희디 흰 솜이불로 몸을 가렸고 가운데 뻥 뚫렸던 하늘은 촘촘한 백설의 나무로 메워져 간다. 기막힌 설경 저 만치에 앞을 못 보는 내 남편의 모습이 피어올라 눈물이 돈다. 집에 도착해서 나는 아무렇지도 않은 얼굴로 두 내외와 사진을 찍고 떠나보낸 후 천연덕스레 현관 번호를 누르고 집안으로 들어왔다.

나는 얼마나 소리치고 싶었는가.

"아빠. 눈 와요, 눈……. 나와서 사진 찍자구요."라고.

그러나 그리하기엔 구차스런 여러 가지들……. 열심히 노력하고는 있지만 그이는 과연 눈 내리는 이 동화 같은 설국을 다시 볼 수 있을까?

좋은 지도자 이정익 목사님

우리 결혼35주년 기념일에 앙코르웨딩 주례를 서주시고 IOU레스토랑 오프닝도 해주신 이정익 목사님이 오늘아침 11시 주일예배에서 설교를 하셨다. CBS, CTS, 국민일보 등 기독교 방송 3사가 연합하여 특별 제작한 코로나19로 인한 온라인 주일예배, 그 첫 번째 초빙자로 선정되신 것이다.

'코로나19 사태를 무겁게 받아들여라. 경고의 싸인 벨이 온 지구를 덮어간다.'

요한복음 3장 16절 17절 말씀으로 설교하셨다.

하나님이 세상을 이처럼 사랑하사 독생자를 주셨으니…….

'길을 찾게 하시려고'라는 제목의 깊고 웅혼한 목사님 말씀에 나

는 크게 감동을 받고 진심으로 회개하고 반성을 했다. 청정지구에 살고 있다는 그 교만함으로 나는 그동안 얼마나 세상일에 무심했었나?

한결같은 관심과 배려로 우리 곁을 지켜주시는 이 목사님, 그 소박한 인간성은 현세의 교계 지도자들에 실망한 내 남편도 이 목사님만은 예외로 치고 존경한다. 새삼스레 목사님 내외분과의 추억이 떠올라서 나는 휴대폰 속의 앨범을 손가락으로 쓰윽쓰윽 밀어본다.

오늘 새벽 네 자매의 카톡

'안 자? 벌써 깸? 나는 월삭 예배로 본 교회 가느라고 나가는 판.'

새벽 4시, 오늘이 막내여동생의 예순세 번째 생일이라 축하음악을 날렸는데 이미 2시 50분에 둘째가 먼저 띄워놓고 잠든 게 발견돼 깜짝 놀라 삭제했더니 곧바로 생일 임자한테서 이런 카톡이 …….

'무슨 말로 이 땅에 온 우리 막내 생일을 축하해야 하나 생각하고 있는데 이 이른 새벽에 교회로 향한다니 문득 '내 은혜가 네게 족하다.'라는 하나님의 말씀이 떠오른다. 생일 축하한다. 어서 다녀와라, 하나님이 기뻐하시겠네.

6시 19분에 다시 카톡이 왔다.

'오늘은 시편 23편 말씀을 받았지……. 사망의 음침한 골짜기를 다닐지라도 나를 끝까지 지켜 주시고 응원해주시는 하나님에 대한 새로운 감사를 드리는 아침이네. 그리고 또 이런 말씀도…….

'동굴과 터널의 차이를 아는가? 동굴은 끝이 막혀 있지만 터널은 반드시 끝이 있다는…….'

그런 후 연이어 또 그녀의 카톡이…….

'새벽 6시 반에 이웃집 디자이너 가윤이 엄마가 미역국 펄펄 끓여옴.'

한 번도 본 적은 없지만 동생을 통해 자주 들어본 이름인지라 크게 놀라진 않았지만 그래도 이 꼭두새벽에?

'어머나, 세상에……. 이런 꼭두새벽에 이웃사촌에게 미역국 끓여다 주는 사람이 있다니……. 이것 한 가지만 봐서도 우리 막내는 세상에 태어난 보람이 있넹? 내가 언제 대전 가면 불러내서 밥 한 번 사야겠다. 사막 같은 요즘 세상에서 그녀는 오아시스구나…….'

7시 41분에 막내의 영원한 친정엄마로 '대모'의 별호를 달고 사는 셋째가 기겁을 하고 문자를 날렸다.

'축하, 축하! 어제 잠시간 놓쳐서 세시쯤 잠든 듯…….'

세월이 갈수록 더욱 더 소중해지는 혈육의 정, 우리는 네 자매!

황혼에 부르는 노래

어떻게 하면 좀 더 보람 있는 삶을 영위할까 고심하던 중 우연치 않게 재능으로 봉사하는 <무지개사랑특별연주단>에 가입하게 되었다. 환우를 위한 위문 공연이 주된 봉사이므로 이곳은 어떤 테크니컬한 연주보다는 진정성 있고 평안한 연주자를 선호한다기에 양평과 서울간의 만만찮은 거리에도 불구하고 우리는 동참을 결정했다. 눈이 안보여 부축을 받으며 무대에 오르는 내 남편의 모습은 노래가 시작되기도 전에 열렬한 박수를 받는다. 주로 세브란스 병원이나 경희의료원이 주 무대이고 이따금 시립병원이나 군부대 위문공연도 다녀오는데 군부대 한번 다녀오면 열렬한 젊은이들의 함성이 오랫동안 귓가에 머물러 있어 우리 부부를 미소 짓게 한다.

위로하기보다는 위로 받고 돌아오는 오는 곳……. 부를 수 있는 데까지는 부르고 싶은 황혼의 노래!

우리 아줌마

우리 레스토랑의 조선족 주방아줌마는 우리집 에서 일한 지 14년이나 된 최장기 근속자이다. 사회주의 때 농촌에서 20년간 부녀회장을 지냈고, 문화혁명 때는 붉은 완장을 차고 구령을 외치던 홍위대 대장이었으니 지금 나이가 74세인 이선옥 여사다.

돈 벌고 농사 짓는데는 전혀 관심 없고 밤낮 없이 글만 쓰고 책만 읽는 남편 때문에 그녀의 삶은 늘상 고달프고 어려웠다. 농촌에서 도회지 연변으로 이사 나온 후에도 23년간 콩기름장사로 생계를 유지했는데 두 아들 중 하나를 일본에 유학 보낼 욕심에 다단계 사업에 뛰어들었다가 크게 낭패를 보았단다.

설상가상으로 사기까지 당하여 7,000만원의 빚더미에 올라 앉아 삶의 의욕을 잃고 방황을 하던 중 누군가의 인도로 주님을 영접하게 되었고 마음에 평정을 얻은 후에 새 삶의 돌파구를 찾은 것이 한국행!

이리하여 우리는 14년 전에 IOU레스토랑의 '해 뜨는 방'에서 처음 만났다

14년이란 세월은 결코 짧은 시간이 아니건만 그녀는 단 한 번도 중국에 가지 않고 열심히 일했다. 그 대신 1년에 봄, 가을 두 번을 남편 정세봉 씨가 한 달씩 머물다 가고 아들, 며느리, 손자도 다녀갔다.

인근교회에서 권사직분을 받은 그녀의 깊은 신앙심은 고질병인

심장병마저도 극복하게 만들었고 언제나 기쁘고 밝은 미소는 매사가 감사하다는 표현이어서 늘상 내 마음을 편안하게 해주었다.

그녀가 남편이나 가정에 대해 얼마만큼 기도하고 헌신했는가는 3년 전에 남편 정세봉소설가가 <한국평론가협의회>주최로 열린 '올해의 최우수예술가상'의 수상자로 선정된 것을 보면 안다. 이 상은 세계 각처에 흩어져 살면서 한국예술을 빛낸 8인의 예술가를 뽑는 권위 있는 상이다.

문학부분에서 당당히 정세봉작가가 수상의 영예를 거머쥐었으니 무대 아래 한 귀퉁이에서 무대 위의 남편을 올려다보며 그녀는 무엇을 생각했을까? 작품생활에만 전념할 수 있도록 생활을 뒷바라지한 자신을 결코 내세우지 않고 자기가 또한 얼마나 큰일을 해냈는지 조차도 모르는 척 의연한 자세를 보이던 우리 아줌마!

IOU 레스토랑의 산증인이며 역사인 아줌마가 요즘 시름시름 아프다. 그런데 어저께 들려오는 아줌마의 전화음성은 여전히 밝고 활기차서 내가 한시름 놓고 이렇게 아줌마를 응원한다.

아줌마, 고마워요. 힘내세요. 홧팅! 홧팅!

5부

예술 이야기

아카시아 군무

오늘 용산고동문합창단, 창덕여고백송콰이어, 정신여고총동문합창단, 이화아르모니아, 성동구립여성합창단, 아카페앙상불, 의정부아카페코랄, 부천아카페합창단 등 8개 연합합창단 320명이 부르는 대규모 합창곡 「아카시아 군무」의 작시자로 콩새는 다시 태어났습니다.

23년 끈질기게도 따라붙고 있는 내 류머티스 질병……. 그로부터 해방되는 환희를 꿈꾸며 나는 「아카시아 군무」를 썼습니다.

아카사아 군무

민서현 시 / 임긍수 곡
솔리데오 연합합창단(지휘 석성환)

오월의 바람이 산들산들 아카시아 꽃들이 흔들흔들
온 산에 가득 찬 아카시아 일어나 춤을 추네
하늘 아래 펼쳐지는 아름다운 서사시여
하늘 아래 펼쳐지는 장엄한 서사시여

햇살 따라 일렁일렁 구름 따라 출렁출렁
구름 되고 파도 된다 수많은 양떼가 된다
살랑살랑 풍겨오는 아카시아 꽃내음이
멀리 멀리 저 하늘에 구름 타고 올라간다

고통의 시달림에 온밤을 지새우고
수액처럼 흘러내린 고통의 쓰린 눈물
마디마디 옹이 같은 가시로 변하여서
이제는 화사한 꽃송이 지켜주누나

오월의 바람이 산들산들 아카시아 꽃들이 흔들흔들
온 산에 가득 찬 아카시아 일어나 춤을 추네
하늘 아래 펼쳐지는 아름다운 서사시여
하늘 아래 펼쳐지는 장엄한 서사시여

파도소리 반주 맞춰 뭉게구름 춤을 추고
바람으로 길을 내니 양떼들 이동을 하네
멀리 멀리 퍼져가라 환희의 팡파르여
하늘 높이 멀리 멀리 하늘 높이 퍼져라

가창촌 오프닝에서 생긴 일

"오늘 먼 길 빗길에 심하게 고생하신 줄 압니다. 잘 들어가셨지요? 혹시 앞 테이블에 있던 출석기록표 가져가셨나요? 사람들이 볼펜으로 연락처 등 기입한 것 말이죠."

조영황 님의 승용차에 합승했다가 중간에 지하철로 바꿔 타고 서울 집에 도착하니 '까꿍'하며 이런 카톡이 왔다. 아까 동박 선생님과 김밥을 먹을 때 도시락 밑에 깔려있던 유인물을 집어넣은 게 생각나 급하게 핸드백을 뒤져보니……, 있다.

"그 쪽 째진 눈매 값을 하시네요. 혹시 전직이 범인 잘 잡아내는 강력계 형사 아니신지? 한 장씩 나누어주는 것인 줄 알고 가져왔어요."

이렇게 쓰고 문제의 그것에 카메라를 들이대어 문자와 함께 즉시 날려 보냈다.

"에고, 고맙습니다. 자수해주셔서……. 그거 현황 파악에 필요한 거지유."

역시 센스 있는 답톡, 자수, 현황 파악…….

"오늘 정말 큰일 해내셨어요. 오프닝도 잘 되었고 오랜만에 집에도 오셨으니 모처럼 사랑스런 아내와 단잠 드시길!"

나는 요렇게만 썼는데 아래와 같은 답톡이…….

"손녀 땜시로 단잠은 그른 일임당."

도전하고 극복하는 재미로 사는 우리 부부가 비바람 천둥이 친다 하여 약속 시간에 늦을 수 있으랴. 초행이라 장소를 못 찾아 5분 지각했을 뿐이다. 그리고 충분히 행복했고 유익했는데 덤으로 회원들 연락처까지 요로콤 한 손에……. 그런데 연락처만 있는 게 아니었다.

· 목풀기 : 남촌, 님이 오시는지, 외갓길, 나 그대 사랑 하리라, 고향
· 맛보기 : 산길, 오빠 생각(2부, 4부), 갈색 눈동자(2부), 등대지기 (4부), 내 사랑 보니, 언덕 위의 집
· 코칭 : 이미경 교수
· 합창 : 외갓길

이렇게 철저하게 커리큘럼까지 짜 오신 우리들 대장! 2016년 붉은 원숭이띠에 우우우 융기하는 회원들의 함성, 멋져부러! '개인정보유출자'로 전직 형사님이 후배 형사에게 정보 흘려보내려나? 어마 무서라.

댄스의 원조

오늘 아침 방송에서 치매 예방에는 '댄스'가 최고라는 홍혜걸 기자의 강의가 뜨자 득달같이 우리 친정 네 자매의 그룹 카톡방에 불이 났다. "댄스의 원조 콩새 커플, 그 옛날 약혼 식장에서!"(난 그때 어려서 미성년 입장불가였소만…….)

"만일 콩새네 두 분 다 건강했으면 대한민국 댄스 계 역사가 바뀌었을 듯?"

와글와글 시끄러운 중에 셋째는 이런 내용을 날려 보냈다. 대한민국 댄스계의 판도까지야 아니지만 연애시절 일찍이 둘이서 배운 사교댄스는 어느 정도 우리 삶의 질을 바꿔놓았을 지도 모른다.

그러나 계성여고 임을파 선생님께 정식으로 배운 YMCA 사교댄스는 수유리 아카데미 하우스 약혼식장에서 밟은 '봄의 소리 왈츠'

가 처음이고 마지막 일뿐……. 그래도 우리는 감사드린다. 영화 속 한 장면 같은 아름다운 시간들을 일찍이 마련해주셨던 높으신 그분께…….

MBN 다큐멘터리 주인공

간밤의 거센 빗줄기가 거짓말처럼 사라지고 맑고 청정한 가을 햇살이 온 누리에 펼쳐지던 어제 토요일, mbn 다큐멘터리 촬영 팀이 오후 내내 졸졸졸 콩새의 뒤꽁무니를 따라다니며 밀착 취재를 했다.

10월 22일 토요일 아침 7시 40분 '내 몸을 살리는 검은 씨앗' 방영.

허구한 날 남의 사진만 찍어주고 다니는 카메라맨들에게 이렇게 '찍힌 사진'을 올려드리는 것으로 감사 표시를 한다. 세 명 다 하나같이 히피스타일이었기에 '아이구우……. 누가 예술가 아니랄까 봐

티를 내기는…….'하고 악수를 청했더니 칭찬인지 흉인지 몰라 25시 미소만 짓는다. 그러나 격의 없는 이 한마디는 첫 대면의 긴장감을 해소시킨 촉매제가 되어 아주 편안하고 매끄러운 촬영을 이끌어냈다.

일상에서 잠깐 탈출해본 mbn 다큐멘터리 출연!

방송 내용은? 기대하시라 개봉박두!

내가 초대한 손님

지금은 아들들한테 운영을 맡겼지만 3년 전까지만 해도 나는 아름답기로 소문난 레스토랑 IOU의 여사장이었다. 서울대 약대 출신 문혜자 여사는 나보다 2년 연상의 고객 분이셨는데 지금까지도 교분을 쌓아오고 있어 이번 '우리 노래 펼침이' 행사에 초대했었다. 노구에 그 혼잡한 강남거리를 숨 가쁘게 헤집고 오셔서 나를 축하해주고 오늘 아침 또 다음과 같은 무대 위 현장 사진과 공연 중인 노랫말 일부를 날려주셨다.

걷는 듯 멈추는 듯
춤을 추노라
발등에 발을 얹고
춤을 추노라
또 춤을 추노라

지식재산권 침해?
'또 춤을 추노라'를 추가로 써넣고 코믹한 요런 멘트도…….

첫눈 내리는 창가에서

민서현 시 / 김성희 곡 / 소프라노 임청화

첫눈 내리는 창가에 턱을 괴고 앉아있네
산에도 들에도 흰 눈은 내리는데
눈 어두운 내 님 눈에는 보이지 않네
눈이 와요 눈이 하얀 첫눈이
우리가 함께 걷던 하얀 첫눈이
님이여 이리와 흰 눈을 만져요
고개를 쳐들고 흰 눈을 맞아요

채마밭이 빈터 된 드넓은 뜨락에서
우리는 서로를 보듬고 춤을 추노라
아득한 진공 속의 눈발 속에서
세상은 사라지고 오직 단 둘뿐
하얗게 하얗게 눈사람 되어
걷는 듯 멈추는 듯 춤을 추노라
발등에 발 얹고 춤을 추노라
하얗게 하얗게 눈사람 되어
하얗게 하얗게 눈사람 되어

가수 리애가 만들어준 점심

작년 봄인가 우리 카페 수호천사님이 '이 가을이 너무 짧다'고 외쳐대는 철학적인 노랫말에 그 유명한 가수 백순진 씨가 곡을 붙인 노래가 나왔었다. 그때 노래를 불렀던 듀오 블루치즈의 가수 리애가 오늘 우리 집에 왔다. 지금은 그렇지 않지만 작년 그 당시만 해도 일반인이 작사를 해 노래가 나왔다는 것은 매우 신선한 일이었기에 나는 수호천사님을 비롯한 백 선생님과 리애 부부를 초대하여 조촐한 축하 파티를 열어드린 적이 있다. 이것이 계기가 되어 나는 젊은 리애와 친구가 되었는데 언제부턴가 그녀는 우리 집에 와서 직접 음식을 만들어주겠노라 벼르는 것이었다. 신사역 근처에서 레

스토랑 '드림박스'를 운영하고 음악활동으로 여기저기 공연을 다니는 바쁜 그녀가 설마 했는데 그녀는 정말 오늘 우리 집에 문득 나타났다. 연어스테이크 만들 재료와 고급 Bath세트를 선물로 안고 남편과 나란히…….

요즘 그 또래 여자들 '싸가지들'이라고 하는데 우진희, 리애는 싸가지는커녕 내 어여쁜 수양딸과도 같다.

5월 달에 만들어진 그녀의 뮤직비디오「추억은 바람이 되어」는 현재 조회 수 4만 9천!

cecil님의 '100회 기념 초청음악회'에 다녀와서

작년 7월, 50년 줄기차게 피워댄 담배 때문인지 남편이 폐암 선고를 받았다. 촉박한 상황이긴 했지만 그렇다고 선고 받은 병원에서 뚝딱 수술을 받기에는 남편을 너무 소홀히 대하는 듯싶어 고민이 되던 중 갑자기 cecil님 얼굴이 떠올랐다. 송년 모임이나 창작발표회 때나 만나는 얼굴이지만 이상하게도 눈 나쁜 내 남편은 그때마다 번번이 그분의 배려를 받았다. 자리까지 안내해준다든지, 화장실에 동행해준다든지, 코트를 입혀준다든지…….

"내가 류머티스로 10여 년간 치료받은 연고 밖에 없는 병원에서 얼굴도 모르는 나이어린 여의사한테 폐암 수술을 받게 되었는데 그냥 받아도 좋을는지요?"

염치 불구하고 늦은 밤 카톡을 보냈더니 답톡이 아닌 휴대폰이 울렸다.

"무엇이 걱정돼서 망설이나요? 더구나 그런 큰 대학병원에서……. 혹 붙이기는 어려워도 혹 떼는 건 아주 쉬운 거예요, 콩새님! 마음 놓고 수술 받아요."

그래서 여러 병원 거치지 않고 그냥 수술을 받았다.

"cecil님, 수술 잘 끝냈어요, 고맙습니다. 나 실력 있는 내과 의사님 말씀 잘 들었어요."

수화기 저편에서 청량한 음성이 들려온다.

"허허, 실력이 있기는요……. 그저 믿을만한 의사지요. 믿을 만은 하지요……."

남편은 폐암 초기였다. 아슬아슬하게 발견된 것이다. 6개월 후 항암 치료도 하지 않고 깔끔하게 마무리 되었다. 꺼벙한 듯하면서 인간 내음 물씬 풍기는, 오늘이 종말인 것처럼 열정적으로 살아가는 남자……, 연애만 빼고 하고 싶은 것 다 하며 산다는 내과의, 수필가, 시인, 작사자, 성악가, 오페라 해설가, 미술가다.(또 뭐가 빠졌나요?) 그리고 선행을 베풀며 살아가는 봉사자이면서…….

'오페라 해설 100회 기념 초청음악회!' 우리 부부는 만사를 제치고 즐겁게 참석했다. 그리고 진정으로 축하했다. 그의 성실함은 기념패에 고스란히 담겨졌고 무대 위의 공연은 화려하고 진지했으며 축하객들은 넘쳐났다. 뷔페로 차려진 맛깔스런 저녁 식탁을 일일이 돌며 정답게 감사 인사를 건네는 cecil님……. 그런데 며칠째 과로한 숨길 수 없는 피로감이 그의 얼굴에 스며있다.

홍관수 박사님!

음악에 쉼표가 절대적이듯이 우리 삶 속에도 쉼표가 절대적이랍니다.(요렇게 말 하는 것을 보고 '번데기 앞에서 주름 잡는다.'라고 하는 것) 성공적인 '100회 기념 초청음악회' 오랜만에 오페라 아리아를 만끽했네요. 애초에 저는 상상스의 '삼손과 데릴라', 오페라 중 아리아 '그대 음성에 내 마음 열리고'의 한글 표기법 때문에 카페에 입회하게 되었지요. 일찌감치 오페라 해설계의 대부 당신을 만났더라면 내 인생의 향방이 달라졌을까?

cecil님, 행복한 주말 저녁이었어요, 초대해주셔서 감사합니다. 다시 한 번 축하드려요.

세계 초연

일전에 올렸던 「물 위에 쓰는 편지」가 마침내 세상 밖으로 살짝 고개를 내밀었다. 지난 토요일 대성리 '신이준 아트리움'에서 열린 예사랑 송년음악회에서 작사자인 콩새 본인이 겁도 없이 덜컥 마이크를 잡은 것이다. 밀양오디세이 후속 프로젝트에 매달려 정신없이 바쁜 작곡가 변우식 선생님이 만사를 제치고 안양에서부터 먼 길을 달려오신 것은 행여 공들여 만들어놓은 작품의 이미지가 훼손 될까 봐서다.

맨 앞자리에 지켜 앉아 현장을 목도하고 돌아가신 후 도착 여부를 궁금해하는 나에게 다음과 같은 카톡을 보내셨다.

'넵, 선생님. 방금 도착했습니다. 민 선생님의 세계 초연은 많은 관중들의 갈채를 듬뿍 받았구요. 그리고 어르신 노래도 열광적이었습니다. 행복한 시간이었습니다.'

때로는 무모한 도전도 삶의 생기이다. 나란히 기념사진이라도 한 장 찍었어야 했는데 함께 간 남편 시중을 들다가 그만 기회를 놓쳐 버렸다.

물 위에 쓰는 편지

어느 날 문득 그이가 내게 말했다.

"여보, 모든 것이 사라져간다……. 마치 '물 위에 쓰는 편지'처럼……."

컴퓨터 앞에 앉아있던 나는 화들짝 놀라 몸을 일으켰다. 그이는 내가 있는 안방과 거실 사이 출입구 쪽에서 두 손을 벽에 대고 서서 먼데 하늘을 보고 있었다. 외로웠던 그이……. 내가 잠시 내 일에 몰두했더니 그이의 존재는 뒷전이 되어 있었던 거다. 시력은 떨어져 가고 폐암 수술 후 급격히 감퇴하는 기억력……. 그날의 쓸쓸한 표정과 음울한 음성을 나는 잊을 수 없다.

그 밤 나는 「물 위에 쓰는 편지」 라는 제목의 시 한 편을 썼다.

물 위에 쓰는 편지

민서현 시 / 변우식 곡

어느 날 그대는 먼 하늘을 보며
모든 게 사라져 사라져 간다 말했네
안개 속 구름 속 물 위에 쓰는 편지처럼
사라져 간다고 쓸쓸히 내게 말했네

환하게 웃던 그 모습은 어디가고
온종일 물 위에 편지를 쓰는 그대여
빛나는 지성의 그대는 어디로 가고
석양에 비껴 앉아 편지만 쓰느뇨

아, 사라지고 사라지는 우리 추억의 파편이여
아, 사라지고 사라지는 우리 기억의 파편이여

사라지고 사라져서 한없이 편해지는
무중력의 아름다움이여 진실함이여
언약의 시간들은 흘러가네 영원히 가네

이 시대를 살아가는 황혼녘의 남자들……. 그 공허하고 쓸쓸한 가슴……. 노년기의 자연 현상은 인간 누구에게나 기억력의 감퇴를 불러 온다. 사랑의 추억까지도 아스라이 멀어지게 하는 노년기의 비애…….

이 시를 접한 작곡가 변우식 선생님이 크로스오버로 작곡하여 가수 양하영 님한테 노래를 의뢰했더니 "이 가사는 대중가요 쪽이 훨씬 더 어필하겠는데요. 제가 다시 작곡해서 꼭 불렀으면 좋겠는데 시인님이 허락해주실런지요."라고 물어왔다.

나는 조금도 망설이지 않고 단번에 OK했다. 한 시대를 풍미했던 가창력 탁월한 통기타 가수 양하영! 게다가 이제는 인생의 단맛 쓴맛을 모두 섭렵한 연륜이 아닌가? 얼마나 잘 숙성된 음악을 만들어 낼 것인가.

이리하여 '물 위에 쓰는 편지'는 클래식 쪽과 대중가요 쪽 두 가지 장르로 만들어진다. 대충 정리된 곡을 가지고 오늘 가수 양하영 님이 변 선생님과 함께 우리 레스토랑에 왔다. 금빛 햇살이 손닿을 듯 가까운 한강변 IOU 창가에서 그녀가 부르는 노래는 나직하게 울려 퍼졌다. 인생이 무엇인지 알고자 하는 사람은 모두가 이 노래를 들어보라. 빠르면 4월, 늦으면 7월 말쯤 세상에 나온단다.

양하영! 저 높이서 반짝이던 별 하나가 어느 날 문득 내 품안에 뛰어들었다.

호떡집에 불난 집

결혼 47주년 행사를 치르노라 이틀 밤을 서울서 자고 들어온 오늘 아침, 댓바람부터 연초록님이 전화를 거셨다. 오늘 카페 야유회 장소까지 우리를 태우고 가야 할 임무를 맡았다고……. 콩새님 잘 모시려고 지금 세차 중인데 40분 후에 도착해서 차 한 잔 하고 양수리 공원 묘원의 선친께 인사드리고 목적지 '두메향기'로 간대나? 호떡집에 불난 듯 서둘다가 휴대폰을 그만 현관 앞에다 두고 나갔다. 그까짓 휴대폰 하루쯤 없으면 어때? 연초록님이 얼마나 사진을 잘 찍어 주실까……. 은근히 압력을 가하며 손목의 수갑을 끌러낸 듯 가벼운 마음으로 온종일을 즐겼다.

야우회가 끝나고 아침에 태워다 주신 연초록님이 당연한 듯 우리를 데려다주려 하자 산 그림자가 선뜻 "저만 콩새님 댁 못 가봤어요, 제가 모셔다 드릴게요."라고 한다.

이거 아침부터 번갈아가며 미남 기사들의 호위를? 이런 횡재가? 풍광이 아름다운 드라이브 코스 양수리 강가를 지나 숲속의 우리집 대문 안으로 들어서니 도심에 살고 있는 카페지기님 눈에 별천지다.

"아이구, 여기서 우리 카페음악회 하면 기가 막히겠네……."

감탄에 감탄이다. 뭐 눈에 뭐만 보인다고 역시 사명감 있는 충직한 카페지기다. 뜨락 저편에서 테라스 쪽을 바라보기도 하고 옥상

에 올라가 한 바퀴 둘러보기도 한 후 거실에 내려가 환담을 나누고 있는데 열어놓은 현관 쪽에서 문득 “계십니까? 경찰입니다.”하는 소리가 들린다.

웬 귀신 씻나락 까먹는 뚱딴지같은 소리인가? 나가보니 정복차림의 경찰관 두 명이 경례를 한다.

“신고 받고 출동했습니다.”

사연인 즉 온종일 연락 두절이 된 우리 부부를 기다리다 못한 아들애가 마침내 해가 저물어 지니 경찰에 신고를 한 모양이다.

“아드님들이 효자시네요.”

산그림자가 고개를 주억거렸다. 아고오, 날씨는 우라지게 화창했고 콩새네 집은 아침부터 저녁까지 호떡집에 불난 듯…….

쑥덕 쑥덕 쑥덕

앞 뜨락에 지천으로 깔려있는 연한 쑥을 뜯어다가 어저께 떡방앗간으로 보냈는데 지금 막 비닐 랩에 한 개씩 소분시킨 한 박스의 예쁜 쑥인절미가 되어서 돌아왔네요. 냉동실에 채곡채곡 저장시키면서 신나게 콧노래를 부르다가 저절로 떠오른 동요 한 줄……. 올해의 서울중등가곡작곡가회에 응모하여 내 첫 번째 동요 곡을 만들었어요.

쑥떡 쑥떡 쑥떡

민서현 시 / 양정아 곡

겨우내 닫혀있던 문이 열리며
연초록 보드라운 쑥이 올라오네
봄이 온다네 봄이 와요
이 강산 천지에 새봄이 와요

할머니 손길이 바빠졌어요
연한 쑥 캐다가 떡방앗간 가요
봄이 온다네 봄이 와요
쑥떡 쑥떡 봄 온다고 쑥떡거려요

쑥떡 쑥떡 쑥떡 쑥떡 쑥떡 쑥떡 쑥떡 쑥떡

그대의 은발

KBS 의 FM <정다운가곡> 시간에 내가 작시하고 김정철 선생님이 작곡하신「그대의 은발」이 선곡되었다.

그런데 막상 들어보려 하니 들을 곳이 마땅치 않다. 음반 나온 지 며칠 되지도 않았는데 이렇게 공중파를 타다니 가슴이 설레인다.

내 생애 처음 맞이하는 내 작품의 시청을 어디 가서 어떻게 한담? 라디오도 없고 자가용도 없으니 천상 누구한테 신세를 져야 할 판, 생각해봤다.

신원역부터 우리 집까지 줄창 걸어 다니는 우리 부부는 이따금 동네 분들의 차를 얻어 타게도 되는데 마을회관 김유선 총무님은 집안에 있다가도 우리가 지나가면 차를 끌고 나온다. 이사 와서 처음으로 하우스콘서트를 할 때도 마을회관의 의자를 실어다 주는 등 언제든지 도움이 필요하면 연락하라 했었지……. 별 수 없이 또 그에게 또 SOS를 칠 수밖에……. 새싹인삼 출하 첫날이라 엄청 바빴고 피곤도 했으련만 그는 내색조차 않고 득달같이 달려왔다.

사위는 고요하고 한 밤 중 숲속의 향기는 한층 더 그윽한데 총무님의 그랜드카니발 속에서 듣는 「그대의 은발」은 신비롭고도 청아하게 밤하늘로 울려 퍼졌다. 내 인생 후반부의 전원생활은 이렇게 날로 더 풍성해지고 새롭게 전개된다.

김유선 총무님, 고맙습니다.

그리고 제 노랫말에 이토록 아름다운 선율을 입혀주신 김정철 선생님과 노래를 녹음해준 이미경 선생님께 진심으로 감사드립니다.

그대의 은발

민서현 시 / 김정철 곡 / 소프라노 이미경

강바람에 휘날리는 나의 긴 머리카락을
그이는 부드럽게 쓰다듬었지
아 한평생 이렇게 살 수 있다면
아 언제나 내 곁에 머물렀으면
그날의 그 강물은 오늘도 여전한데
흑단 같던 머리칼은 은발 되었네
샤이닝 샤이닝 그대의 은발
샤이닝 샤이닝 아름다워요

사랑과 평화롭게 나이 들게 하소서
해야 할 좋은 일들이 아직 많아요

샤이닝 샤이닝 그대의 은발
샤이닝 샤이닝 지혜로워요

양하영 콘서트에서 부른 「물 위에 쓰는 편지」

단독 콘서트가 아니면 신곡은 잘 연주하게 안 된다던 「물 위에 쓰는 편지」가 드디어 어제 밤 메인프로로 양하영 단독 콘서트에 소개가 되었다. 하늘, 구름, 안개, 물, 석양 등이 배경인 나의 작시 「물 위에 쓰는 편지」가 한 뼘 CD 안에 갇혀있던 것이 답답했었는데 봇물 터지듯 시원하게 장내로 퍼져나가는 양하영 특유의 음색은 나를 황홀케 했다. 노래하는 이의 모습은 어쩌면 또 그리도 단아하고 품격 있었든지…….

작시 배경과 함께 남편과 내가 소개되었고 관객의 손에 손에 들고 흔드는 불빛 등은 최고조에 달했었다. 눈 좀 안 보인다고 뭐 대수냐? 그동안 보고 살아온 세월이 얼마인데, 기억력이 떨어져가는 것? 인간이면 누구나 거쳐 가는 과정이 아닌가.

행복은 마음먹기에 달린 것! 행복한 4월의 밤이었다.

아모레 선생님의 인기

이미경 팬카페 연주 후 3일 만인 어젯밤 콩새 민서현 작시 「첫눈 내리는 창가에서」를 작곡한 작곡가 김성희 카페 송년음악회가 있었다. 장소는 역삼동 화린연주홀! 콩새부부도 출연했다. 아모레 선생님은 초청성악가다.

무대 위에서의 아모레 선생님 인기도 대단했지만 무대 뒤 탈의실에서는 더욱 난리다. 아모레 선생님 드레스 지퍼를 올려준 한 출연자는 "아모레 선생님 몸을 만져본 사람 있으면 나와 보라고 해."라며 자랑한다. '근데 아모레 선생님은 어제 오히려 콩새의 귀를 만지작댔는데?' 아모레 선생님은 정답게 속삭이며 콩새 이어링을 달아주었다. 따뜻하고 소탈한 그녀에게서 향긋한 그녀 내음이…….

콩새의 비행

류머티스 아내와 눈 어두운 남편은 어느 사이 해외여행은 언감생심 꿈도 못 꾸고 국내여행 조차 접고 살았다. 가을이 다가오자 올해는 문득 떠나고 싶다는 갈망이 - 말보다 행동이 빠른 편인 콩새는 민씨 성을 가진 병권님 부부의 도움을 받아 참으로 오랜만에 가을 하늘을 날았다. 때마침 충청도 금산에서 7080시대의 사월과 오월 백순진 님 카페 정모가 있었기 때문이다. 왕년의 유명 가수 백순진 님과의 인연은 우리 결혼45주년 하우스콘서트를 주도해주시기 전 한 지인의 가곡 발표를 내가 응원하여 식사 대접을 했던 때부터다. 고기를 구워 먹으면서 밤새도록 기타 치며 노래하던 그 밤……. 은발의 눈 못 보는 남편도 류머티스 아내도 세상사 모두 잊고 오랜만에 춤을 추었다.

백악관 나들이 온 김성희 작곡가

작년부터 벼르고 벼르더니 마침내 작곡가 김성희 선생님이 오늘 신원리 백악관 콩새네 집에 그 모습을 나타냈다. 대학 선후배 사이로 우리 이미경 팬카페에서 댓글이나 주고받는 정도였는데 작년 호국콘서트 현장에서 시인 고은하 님이 인사시켜주어 더욱 친밀해졌었다.

그로부터 열 달 후 오늘, 그녀와 나는 다섯 시간 이상을 바짝 밀착하며 보냈다. 부산서부터 미리 멸치 미역을 택배로 선물한 그녀에게 나도 향토 음식에 신경 써서 돼지감자전, 냉이무침 등을 만들어 대접했고 많은 대화와 노래방, 텃밭에 솟아오르는 잡초 뽑기를

하며 즐겁고 따듯한 한나절을 함께 했다.

그녀는 뜻밖에도 엄청난 에너지의 소유자였다. 영원히 고갈 되지 않을 성 싶은 무한한 선율의 에너지, 언젠가 굉음처럼 그것은 분명 폭발할 테고 그제야 비로소 말갛게 씻기어진 개운하고 시원한 자신의 영혼에 만족함을 느끼겠지…….

그녀는 타인에게 기대감과 설렘을 준다. 무서운 여자다.

나목의 사랑

용산문인협회 시화전에 출품되었던 「내 사랑의 시작」을 전시회가 끝난 후 우리집 거실에 걸어 놓았는데 심방오신 박노훈 담임목사님이 대뜸 '권사님, 이것 좀 찍어가겠습니다.'라며 셔터를 눌렀다

설교 말씀 중에 자주 좋은 시구(詩句)들을 인용하는 목사님인지라 나는 어쩐지 인정받은 기분이 들면서 새삼 자신감 까지 생겼다.

김성희 선생이 금혼식 헌정곡 가사를 보내라 할 때 선뜻 이 시를 전송했더니 어디 한군데 막히지 않고 술술 선율이 나온다고 즐거워 한다.

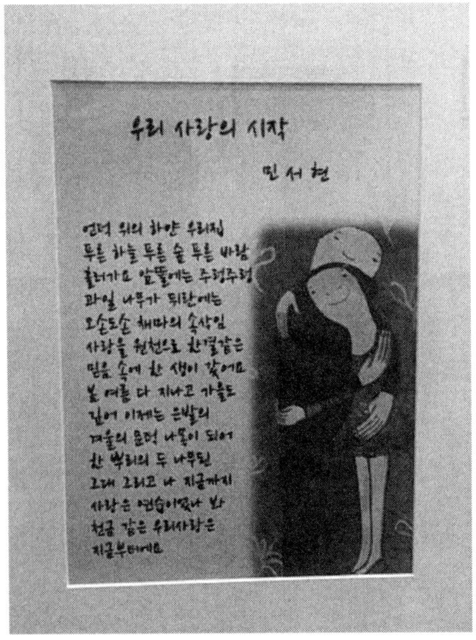

「나목의 사랑」으로 제목을 바꾼 이 노래는 우리 부부가 부르기 좋게 조성을 낮추었기에 듀엣 곡으로도 솔로 곡으로도 남녀노소 누구나가 편하게 부를 수 있다. 소프라노 김채선 님과 바리톤 송기창 님에 의해 녹음되었고 체칠리아 님이 동영상으로 만들었는데 조회 수가 심상치 않다.

정신여고동문합창단의 이

태리 연주여행곡으로도 선곡되어 막 비행기를 타려 할 즈음 코로나19는 아비규환의 극치에 다달았다. 금혼식 하우스콘서트도 무산되어 우리는 직계가족만 모여서 반백년 무사고 항해를 자축했다.

나목의 사랑

민서현 시 / 김성희 곡 / 소프라노 김채선 · 바리톤 송기창

저 멀리 언덕 위의 하얀 우리 집
푸른 하늘 푸른 숲 푸르른 바람
앞뜰에는 주렁주렁 과일들 웃음소리
뒤란에는 소곤소곤 채마들의 속삭임
오 사랑은 내 삶의 원천
한결같은 믿음 속에 한 생이 가네

봄여름 다 지나고 가을도 깊어
이제는 한 뿌리 된 두 그루 나목
지금까지 사랑은 연습이었나 봐
순금 같은 내 사랑은 지금부터라
사랑 사랑 우리 사랑 나목의 사랑
사랑 사랑 우리 사랑 영원하리라

5월의 어느 멋진 날에

토요일 아침, 서울 집에 있는데 예사랑 카페의 권 회장님이 전화를 거셨다.

"양평 집에 놀러가도 되겠습니까?"

"저, 지금 서울에 있는데요."

"양평으로는 언제 가시지요?"

숭글숭글 조여 오는 폼이 반드시 찾아오겠다는 의지다.

"그럼 월요일 날 오실래요? 쑥 부침개랑 삼겹살이나 구워먹어요."

"삼겹살까지야 뭘……, 쌀라면이면 되지요."

"백악관 안주인님. 내일모레 7일, 장안 최고의 미녀 네 분을 모시고 갑니다. 김선광, 전세원, 이정용, 최숙영. 12시경 뵙지요."

오늘 정오, 붉은 티셔츠차림의 권 회장님이 장안의 미녀들을 대동하고 백악관에 도착했다. 훈제오리, 케이크, 딸기 등을 가슴 한가득 안고서…….

준비해놓은 소고기 등심과 돼지 삽겹살에 훈제오리까지……. 웃음이 끊이지 않았고 대화가 진지했으며 어린 시절 즐겨 불렀던 동요의 합창이 푸른 숲속 맑은 햇살을 타고 동네 어귀로 퍼져나갔다. 그러다가 어느 사이 우리 집 테라스는 작은 음악회의 공연장이 되

어 있었고 「별은 빛나건만」을 열창한 내 남편은 한 순간에 스타가 되었다.

황혼기의 남녀 여럿이 둘러앉아 이런저런 인생사를 논하다 보니 하루해는 너무나 짧아 일행은 급하게 나가 개울가의 즐비한 쑥을 뜯었고 한군데도 버릴 데 없는 여자 이정용 님은 돌아간 후 얼마 지나 다음과 같은 글을 보냈다.

"하나님이 맺어주신 두 분의 아름답고 행복한 스토리에 눈물이 나올 뻔 했습니다. 감동이었어요. 또 참 많은걸 얻었고 깨달았음에 감사를 드립니다. 맛있는 음식과 행복한 오늘의 웃음으로 10여 년은 더 젊게 살 수 있을 것 같아요. 행복 바이러스를 전달하시는 두 분, 건강하게 오래오래 사세요. 오늘 정말 좋은 곳에서 보냈던 시간들을 잊지 않겠습니다."

그래서 나도 답톡을 보냈다

"오늘은 정녕 '5월의 어느 멋진 날'이었습니다."

레드 카펫

정신여고동문합창단 제4회 정기연주회 때「아카시아 군무」가 연주 되는 것은 알고 있었다.

그 리허설에 같이 가자고 임긍수 선생님이 전화를 하셨다. 작사가인 나까지 굳이 갈 필요가 있겠느냐 망설였더니 상의할 것도 있고 하니 꼭 나오란다.

혼성 4부합창곡을 여성 3부로 편곡해 부르니까 공연 전에 한 번쯤은 원작자에게 들려주고 조언을 받는 자세는 아주바람직한 것…….

그러나 미주 공연 등 활발한 연주 활동을 하고 있는 이 합창단은 이미 프로의 경지에 다달아 있었으므로 별반 지적 사항도 없이 리허설은 끝이 나고 지휘자 신난식 선생의 배웅을 받으며 우리는 교문을 빠져나왔다.

차 속에서 임 선생님이 슬며시 내년 2월 26일의 가곡발표회 이야기를 꺼내셨다. 그러면서 그날 연주할 노랫말 두 편을 줄 수 없겠느냐고 물으셨다. 작년에 아카시아군무를 연주했는데 ? 나는 속으로 좀 놀랐다. 내가 뭐 유명시인도 아니고 실력 있는 작사가도 아닌데 작곡계의 거물 임긍수 선생님의 연이는 프러포즈를 받다니…….
이건 가문의 영광이 아닐 수 없다. 그러나 나는 시상이 떠오를 때마다 틈틈이 메모해두는 작시노트도 없었고 내놓을만한 작품도 생각

나는 게 없어 즉석에서 사양했다. 진심으로 사양했다.

그러나 임 선생님은 나를 인근 찻집에 데려다 놓고 그 매력적인 속눈썹을 단 한 번도 깜빡이지 않은 채 꼿꼿한 자세로 앉아 나를 설득했다. 아직 시간이 많으니 쓰면 될 거 아니냐고……. 기회는 자주 오는 게 아니라고……. 나는 「아카시아 군무」에 반한 사람이라고……. 당신의 저력을 나는 안다고…….

마음이 조금 동하여 곰곰이 생각해보니 작년 결혼기념일에 쓴 시 한 편이 떠올랐다.

"억지로 만들려 하면 하나가 있긴 한데……." 내가 먼 곳을 바라보며 중얼거리자, "거 봐요, 있잖아요? 제목이 뭐에요?" 숨 고를 틈도 주지 않고 돌직구로 쳐들어오는 임긍수 작곡가다.

그 기세가 하도 당당하게 밀어붙여 오는 통에 얼떨결에 대답이 튀어나왔다.

"레드 카펫……."

"레드 카펫? 레드 카펫? 좋네요……. 아, 너무 좋다."

선생님의 눈빛에서 순간 번쩍 광채가 났다.

그리고 그로부터 며칠 후에 '레드카펫'은 아주 우아하고 경쾌한 왈츠 풍의 소프라노 곡으로 날개를 달고 세상에 나왔다.

예술의 전당의 "강 건너 봄이 오듯" 프로그램에 소프라노 박현주 교수의 연주로 인쇄되어 나왔지만 코로나19로 인한 무기연기는 다시 내년 4월에 롯데콘서트홀에서 공연한다고 발표되었다.

레드 카펫

민서현 시 / 임긍수 곡 / 소프라노 박현주

그대여 이리와 손잡아요
밟아요 돌아요 춤을 춰요
찬란히 눈앞에 펼쳐있는 우리의 레드카펫
그대여 이리와 팔짱껴요
우아한 드레스 물결치며
우리가 기다려온 이순간
눈앞에 펼쳐져 있는 우리의 레드카펫
나에게 당신은 영원한 영원한 첫사랑
랄라라… 랄라라…
우리의 영원한 사랑은 순금 같은 사랑

움트기를 고대하고 자라기를 기원하며
진심으로 사랑해온 수많은 날들을
수많은 날을 기다려온 당신과 나
지금까지 살아온 수 많은 날들은
수많은 날은 꿈과 희망
도전과 용기 평화와 자유의 세월
움트기를 고대하고 자라기를 기원하며
진심으로 사랑해왔기에
우리들은 오늘 이 자리에 서있네

내가 어떻게 당신을 만났나
신은 어찌 소중한 당신을 왜 내게 주셨을까
오늘도 되뇌이고 되뇌이는 그대의 독백이여
낙조가 드리우는 해변의 벤치에서
지난날들을 얘기하던 영화 속 은발 부부처럼
마침내 우리도 주인공이 되었네

그대여 이리와 내 손잡아요
밟아요 돌아요 춤을 춰요
찬란히 눈앞에 펼쳐있는 우리의 레드카펫
축제의 팡파르 울려퍼져요
밟아요 돌아요 춤을 춰요
축제의 팡파르 울려퍼져요
우리의 아름다운 순간
랄라라… 랄라라…
우리 앞에 펼쳐있는 아름다운 카펫
랄라라… 랄라라…
우리의 사랑 영원한 사랑
우리의 사랑 영원한 사랑
내 사랑아…

장우익 시인님의 쾌유를 빌며

우리나라 대표가곡「홍목련」의 작시자인 장우익 시인님이 오랫동안 투병 중이시다. 우리 집의 텃밭 상추에 삼겹살 구워 드시고 싶다더니 아직도 못 오신다. 그분의 자가치료법은 병상에서도 끊임없이 시어(詩語)를 뽑아 올리는 것. 장 선생님의 쾌유를 진심으로 빌면서 오늘 올리신 시를 이곳에 옮긴다.

사랑은

금천 장우익

가화만사성은
부부간의 믿음이 근본이요

올바른 교육은
스스로 모범을 보이는 것이다

뱃속의 아이처럼
남편을 조심스레 대할 것이며

태어난 아이처럼
아내를 어우르고 칭찬하라.

사랑은 슬프고 애잔하여
아프도록 아름답다

숙명여대동문합창단의 이태리 연주여행

'Roma'라는 도로 표지판을 보는 순간 내 가슴은 사정없이 뛰었다. 머리, 가슴, 무릎을 갑옷으로 가리고 왼손에는 둥근 방패를 든 로마병정들의 행렬, 그들의 발자국이 찍힌 바로 그 길을 지금 내가 지나가고 있다니.

숙명여대동문합창단 30명은 6월 19일 오후 2시 반에 김포를 출발해 독일 프랑크푸르트에서 한밤을 지내고 이태리에 왔다. 목적은 관광을 겸한 연주여행이다.

인간한계의 극치를 본 바티칸 미술관의 회화와 조각, 기가 질리는 성 베드로 대성당, 콜로세움 경기장, 시간의 지층을 거슬러 올라간 폐허의 도시 폼페이, 웅혼한 자연의 경이로 눈물겨웠던 환상의 섬 카프리, 소렌토, 나폴리항 등을 다니다 보니 어느덧 6월 23일 연주회 날이다.

스페인 광장 맞은편에 있는 올생스 성공회 성당에서 우리를 초청한 주 바티칸시국 배양일 대사의 환영 인사로부터 음악회는 시작했다. 김경희 교수의 지휘와 김희주 동문의 피아노 반주로 「청산에 살리라」, 「꽃구름 속에」, 「산타루치아」, 「토스티의 세레나데」, 그리고 손순남 동문의 솔로, 「낮엔 해처럼」, 「오 하나님', 「여호와는 나의 힘」 등의 성가곡 편, 잠시 우리가 퇴장한 사이에 부른 오경선, 이아네스의 듀엣, 아이보리색 연주복에서 한복차림으로 다시 계속된 「새야 새야」, 「경복궁 타령」, 임명애 동문의 소프라노 솔로, 마지막 합창은 「시편 100편」 이었다.

앙코르를 받은 후 누군가의 제의에 의해 참석자 전원은 모두 손잡고 일어나 「우리의 소원」 을 제창하니 감격과 희열은 서로가 서로에게 전파되어 갔다. 미국 대사 부부를 비롯한 각국 대사들과 교민들, 현지인들, 제자들, 친지들과 함께 어우러진 리셉션 장은 그야말로 국제적 축제가 아닐 수 없었다.

보람과 안도 속에 호텔 안젤렐라로 돌아와 숙면을 취하고 이튿날은 밀라노로 향했다. 플로렌스에 들려 꽃의 성모 마리아 성당, 시뇨리아 광장, 미켈란젤로 언덕, 단테의 집을 두루 살핀 후 8시간 만에 밀라노에 들어서니 그 유명한 오페라 극장 스칼라좌는 아직 한산했고 세계의 패션 1번가는 모두 셔터가 내려져 있었다.

25일은 주일, 예정대로 밀라노 한인교회에 나가 예배를 드리고 특별 순서로 합창곡 3곡과 솔로를 연주했다. 그런데 나는 이곳에서 내가 가르치던 피아노 옛 제자들을 만났으니 한 명은 소프라노 손현경 양이고 또 한 명은 테너 이용주 군이다. 나한테서 피아노를 배우던 어린 시절부터 현경이의 천재성은 엿보이더니 역시 밀라노 현지에서도 손현경 이름 석 자는 아주 크게 알려져 있었다.

베로나로 이동해서 아레나 원형극장, 줄리엣 생가를 들른 후 모처럼 본격적인 쇼핑시간을 가졌는데 난데없이 부슬비가 내리기 시작한다. 덕분에 베니스로 향하는 전용버스 안은 Yuhki Kuramoto와 Andre Gogmon이 치는 피아노곡으로 가득 차고 해바라기 밭, 청포도 밭, 밀밭들의 가없는 대평원에 촉촉이 내리는 가는 빗줄기는 고즈넉한 평화를 느끼게 했다.

시골풍의 호텔 '콱'의 야외무대에서 이태리의 마지막 밤을 즐겼다. 포도주로 건배하고 피자를 먹으며 서치라이트의 휘황찬란한 불빛 아래서 마음껏 춤추고 흔들어댔다.

육지가 끝나고 해상 위에 지어진 도시 베니스의 관광이 이번 여행의 마지막 코스였다. 여섯 명씩 곤돌라를 타고 아코디언 반주에 미남가수의 노래를 들으며 해상위의 도심을 즐길 때 집집의 담벼락엔 켜켜이 홍합, 조개가 늘러 붙어 있고 수초와 미역줄기가 나실거렸다.

베니스의 마르코 폴로 공항에서 프랑크푸르트 행 여객기를 탔다가 다시 갈아탄 서울 행 루프트한자.

창단 후 14년 동안 여러 차례의 발표회와 해외 연주를 가져왔지만 이번 여행이 백미가 아닌가 싶다.

기원전 유적이 아직도 그들의 젖줄인 이태리 사람들, 마리아 칼라스가 있고 카루소가 있고 파바로티가 있는 나라…….

8박9일의 고대 문명에의 회귀에서 다시 현실로 돌아온 이즈음, 새삼스레 세상은 느끼는 자의 것이라는 깨달음과 함께 신선한 삶의 의욕이 용솟음친다.

나의 버킷리스트

김성희카페 송년음악회 준비위원회에서 콜이 왔다. 그 음악회는 거의 프로급 사람들이나 출연하는 곳이기에 사실 나는 조금 당황했다. 그러나 이것은 절호의 찬스다. 출연을 결정하고 나는 서슴없이 나의 버킷리스트 중의 하나인 오페라 『삼손과 데릴라』 중의 아리아를 선곡했다.

「그대 음성에 내 마음 열리고」를 연습해서 오늘 연주장으로 갔다. 멋지게 삼손을 유혹하려고 화려한 드레스에 메이크업도 화사하게 했다. 무대에 나가서니 아뿔싸, 제일 먼저 눈에 들어오는 사람이 불문학 전공의 정세욱 부총장님!

아이구우 , 내 불어 발음 어쩌지? 정총장 님이 오늘의 출연자인 것에 미쳐 생각이 못 미쳤었다.

에라, 모르겠다. 내가 한국여자이지 그럼 프랑스 여자더냐?

전주곡은 흘러나오고 내 버킷리스트는 현실이 되어서 장내로 고요히 퍼져 나간다.

박수소리가 다른 이들보다 조금은 더 크게 느껴졌다.

그런데 그것은 테너 정덕조 씨라는 분이 찾아와 극찬을 하는 바람에 확인이 되었다. 당신의 딸도 숙대 후배라며 언제 한번 듀엣을 함께 하잔다.

얏호, 그럼 오늘의 내 연주가 삼손의 마음을 조금은 움직였었나?

내가 이 노래를 처음 들은 것은 대학 4학년 때였다. 음대 조교로 일하면서 대학원과정에 있던 윤옥희 선생님이 졸업연주회 때 이 아리아를 불렀는데, 이 환상적인 멜로디가 얼마나 좋았는지 '내 언젠가는 꼭 이 노래를 불러보리라.' 작심을 했었다. 그리고 오늘 드디어 해냈다.

꿈꾸는 자에게만 꿈은 이루어진다는 평범한 진리를 또 한 번 실감한 날! 한 달 후에 내 나이는 75세다. 더 늦기 전에 다음 목록을 향해 go go!

임청하 교수와 한나절

너무나 애절하게 불러서 내 가슴이 다 시리는 「첫 눈 내리는 창가에서」 입니다. 사람의 목소리인지 눈발 속에 묻혀 내리는 신의 음성인지……. 세상의 축복이 모두가 우리 것인 양, 두렵기까지 하네요. 작사 작곡이 노래 속에 아름답게 승화되었어요. 고맙습니다, 동영상 나오면 우리 다 같이 만나요. 혼신을 다한 그대의 진정성에 감사를 전합니다.

내가 김성희 선생이 보낸 「첫 눈 내리는 창가에서」 동영상을 받은 후 노래 를 녹음한 임청화 교수에게 이런 카톡을 보냈더니 '선생님 감사합니다. 그런데 빨리 뵙고 싶어요.'하는 답톡이 왔다. 마침 서울 나갈 일이 있어서 그럼 점심이나 함께 하자고 했더니 방송작가와 선약이 있다면서 '영혼이 맑으신 선생님을 뵙는 것만도 너무 기대가 됩니다.'라고 말한다.

나하고 20년 차이 나는 숙대 음대 후배 소프라노 임청화! 그래서 우리는 이튿날 당장 만나기로 했다. 임 교수를 기다리고 있는데 공교롭게도 피아니스트 김정진 선생의 사모가 전화를 했다.

"지금 어디 계세요? 양평인가요?"

"아니에요, 임청화 교수 온다기에 레스토랑에서 기다리고 있어요."

"어머나, 저 지금 그쪽으로 지나가려는 중인데 들러도 되지요?"

"사전 양해는 구하지 못했지만 서로 알 만한 사람들이니까 합석해도 될 거에요."

이리하여 그녀와 동행한 친구까지 여자 넷이 모여 앉았다. 음악이란 공통분모는 우리를 금방 백년지기처럼 이끌어 주었다.

"아이구우, 불청객들은 이만 먼저 물러갑니다. 김정진 사모가 일어섰다.

"이왕 왔으니까 정원 구경도 시켜주세요"

임 교수도 따라 내려왔다.

"와아……."

광활한 한강정경에 넋이 나간 여자들……. 사진 촬영에 정신이 없는데, 이건 일류모델 포즈보다 한 수 위다.

한팀은 떠나고 이제야 단 둘이 남아서 문학, 음악, 사랑, 우정, 정치, 가정 이야기 등 끝 간 데 없이 이야기는 이어지고 이어졌다.이제는 그만 저녁을 먹자고 했더니 선약이 있다고 다음에 하잖다. 강렬한 카리스마로 중무장된 무대 위의 소프라노 임청화는 간 데 없고 따듯하고 인간미가 넘치는 소담스런 여자가 내 앞에 앉아있었다. 그러면서도 그녀는 통이 크고 명철한, 지혜스런 여자였다.

"선생님, 저 안아주세요."

오늘 만나서 처음 했던 말을 헤어질 때도 똑같이 하면서 그녀는 스스럼없이 내 품에 안겨왔다. 한강변에는 노을이 서서히 번져가고 있었다.

비익조 사랑

카페에 가입했는데 누군가가 대뜸 우리 레스토랑 사진 한 장을 올려놓았다. 기겁을 하고 알아보니 범인은 IOU 고객 분이신 산업은행 구준모 부장님이었다.

그때부터 우리의 우연 같은 필연은 오늘에까지 이르렀고 등단 시인이기도 한 부장님은 급기야 우리 부부 이야기를 노래로까지 만드셨다. 부장님과 지인 몇 분을 초대한 오찬자리에서 "내가 끙끙 앓는 소리를 내면 남편이 무의식중에 끙끙 소리로 추임새를 보내는데 그것이 이상하게 위로가 되더라."고 우스개처럼 말한 적이 있었는데 그것이 부장님의 영감을 자극하여 '비익조 사랑'을 탄생시킨 것이다.

이종록 작곡가님이 곡을 만드셨고 테너 박진형 님이 녹음한 이 곡은 소프라노 강진경 님에 의해 무대에도 올려졌고 몇 가지 동영상으로도 만들어졌다.

비익조 사랑

구준모 시 / 이종록 곡 / 테너 박진영

내가 끙끙 앓았을 때 당신도 끙끙 앓았습니다
나는 무릎이 아팠지만 당신은 마음이 아팠지요
당신의 눈물 어린 정성에 이젠 혼자서도 걸을 수 있는데
아픈 다리 주무르며 푸근하게 감싸주던
당신의 눈빛이 자꾸만 흐려져 내 마음 너무 아파요

당신은 나의 날개, 나의 등불이었어요
이젠 내가 당신의 등불이 되렵니다
짝을 지어야만 날 수 있는 비익조처럼
서로 기대고 기대어 훨훨 날아요
햇살 따사로운 푸른 언덕
하얀 백합 닮은 보금자리에서
나의 피아노 선율에 맞춰
영원한 사랑을 노래해요 노래해요

할머니가 된 것을 축하하며

할머니가 되었다고 자랑 자랑하는 김성희 쌤! 뭐 그리 잴 것 없어요. 나는 벌써 22년 전에 할머니가 되었거든요. 쌔근쌔근 잠자는 어린것을 들여다보며 마냥 행복했던 추억들이 떠오르는군요. 까꿍, 외치면 방싯 웃어주던 그 모습에 반해서 연달아 까꿍, 까꿍……, 하던 시절이 엊그제 같네요.

동요 하나 지어서 기념선물로 보냈더니 그녀는 기다리고 있었다며 어린애처럼 즐거워한다. 벌써부터 눈높이를 손주 눈높이로 내려놓았나 보다.

우리 아기

민서현 시 / 김성희 곡

아기 아기 우리 아기
어여쁜 아기
쌔근 쌔근 쌔근 쌔근
잘도 자네요
눈을 떠도 어여쁜데

자꾸만 자요
엄마 아빠 온 식구가
들여다 봐요

아기 아기 우리 아기
귀여운 아기
방글방글 방글방글
잘도 웃어요
안 웃어도 귀여운데
자꾸 웃어요
엄마 아빠 온 식구가
함께 웃지요

6부
딴삶 이야기

30년 만의 여고 동창회

여고 졸업 30주년을 기념하기 위해 오랜만에 음식점에 모인 친구들 중에는 졸업 후 한 번도 못 본 그리운 얼굴도 끼어 있었다. 손을 맞잡고 인사를 마치자마자 그 친구는 느닷없이 "너희 어머니 살아 계시니?"하고 물어왔다.

"그래, 아주 건강히 잘 계셔, 왜?"

나는 좀 의아한 생각이 들어 그를 빤히 쳐다보며 반문했다.

"너를 보니 너희 어머니 생각이 나서 그래."

그 친구는 이렇게 말꼬리를 내렸지만 뭔가를 감추고 싶어 하는 눈치였다. 행사가 진행되는 동안 못내 궁금해 몇 번을 다그쳤더니 그 친구는 엉뚱하게도 탁구대 이야기를 꺼냈다.

"너희 집에 탁구대가 있었지?"

어머니는 당시 '신여성'으로 친구들 사이에 선망의 표적이 되어 있었다. 그런 어머니가 나는 자못 자랑스러웠다. 그런데 이 친구, 어머니를 찾더니 탁구대는 또 뭐람?

"그래 있었지."

친구의 다음 얘기는 더욱 엉뚱했다.

"나는 그동안 너희 어머니는 나쁜 사람이라고 여겨 왔었어."

친구는 어느 틈에 아련한 30년 전 모습으로 돌아가고 있었다.

하루는 그 애와 내가 탁구를 치고 있는데 어머니가 오시더니 당신도 한 번 치자며 친구의 라켓을 받아 쥐고 나랑 한참을 쳤다는 것이다.

"나하고 치지 않고 너하고만 재미있게 치는 모습을 보니 왜 그리 내 마음이 상했었는지………. 조금만 더 기다렸다면 너하고 끝내고 나보고도 같이 치자고 하셨을 텐데 그때는 어려서 그럴 여유가 어디 있었니? 슬그머니 너희 집을 나와 버리곤 마음속으로 너희 어머니를 멀리했지."

친구는 이야기를 하는 도중 슬그머니 내 손을 잡았다.

"그래, 그 일로 30년을 삐져있었다는 그 말이야!"

좌중은 웃음바다가 되고 그녀는 홍당무가 되었다.

이 나이가 될 때까지도 나이를 실감하지 못했던 내가 그 친구 때문에 비로소 30년의 세월을 뒤돌아보게 되었고 또 먼 훗날 내 아이들의 친구들은 과연 내 얘기를 어떻게 할 것인가 잠시 생각하게 되었다.

축가다운 축가

젊은 시절에 서독으로 유학 갔다가 그곳에서 한국인 여자와 결혼했던 남편 후배 한 사람이 있다. 그는 2년 전쯤 부인과 이혼을 하고 고국으로 혼자 돌아와 살고 있었다. 이십여 년 이상을 떠나가 살았으니 한국의 모든 것은 타국인 양 생경하고 더구나 처자식과 생이별을 했으니 얼마나 고독하고 힘들었겠느냐만 그는 그런 내색 전혀 없이 언제나 웃는 얼굴이었다.

최근 들어 몇 개월간은 통 소식이 없다가 어느 날 느닷없이 전화를 걸어오고 재혼을 하게 됐다고 말하는 것이었다. 그의 새 출발을 염두에 두지 않았던 바도 아닌데 그 순간 나는 예전에 두어 번 만났던 전부인의 얼굴이 스치면서 묘한 배신감 비슷한 게 느껴졌다.

그러나 이내 그의 결정에 수긍이 갔고 아니, 오히려 늦었다는 아쉬움마저 들어 진심으로 기뻐하고 축하해주었다. '재혼이지만 마흔 아홉의 신부 쪽이 아직 미스인 상태라 부득이 예식장을 정했노라.'며 그는 시간과 장소를 일러주었다.

"그런데 말입니다. 형수님. 다른 것은 모두 준비가 되었는데 축가가 문제에요."

전화의 본론이 그것이었던 양 갑자기 그의 목소리가 진지해졌다.

"염려마세요. 축가 부를 사람은 얼마든지 있으니까요."

나는 대학생인 내 둘째 녀석의 교회 친구들을 떠올렸다.

"에이, 형수님도……. 제가 뭐 노래 잘하는 사람을 찾나요? 축가의 진의가 도대체 무엇입니까? 그날의 신랑, 신부에게 진정한 애정을 가지고 멜로디에 축복을 담아 띄워주는 게 축가가 아닌가요?"

그의 반문에 나는 혼자 얼굴을 붉혔다.

"우리를 전혀 모르는 사람이 단지 노래를 잘 부른다는 이유 하나만으로 인생을 재출발하는 엄숙한 예식장에서 축가를 부른다는 것은 말도 안 돼요."

나는 내가 한 말이 너무나 무색하고 부끄러워 어찌할 바를 몰랐다. 그동안 나는 얼마나 형식적인 축가에 익숙해져 있었던가?

오늘 나는 그의 간곡한 부탁대로 오십도 넘어선 나이에 결혼식 축가를 불렀다. 그가 젊은 날에 몸담았던, 불우 청소년들을 위한 야간 학교의 교장선생님인 내 남편이 신선하고 투명한 주례를 서신 가운데, 진정으로 그를 아끼고 사랑하는 사람들만 하객으로 초청되어 엄숙한 결혼식을 치렀다.

어린애같이 맑고 순수한 심성 탓으로 혼탁한 현세에서 각가지 불이익을 감수해야 했던 그의 삶이 이제부터는 믿어주고 감싸주고 참아주는 새로운 내조자를 만나 부디 인정받고 사랑 받는 축복의 삶이 되도록 나는 정말로 혼신을 다해 노래했다. 기도와 같은 나의 축가가 그들의 영혼에 깊이 메아리 쳤으리라 믿는다.

여왕장미의 추억

우리 IOU 레스토랑 메인 홀 한쪽 벽면에는 김춘수 시인의 대표시「꽃」이 걸려 있다. 장미 꽃밭 속에서 하늘을 향해 비스듬히 고개를 돌린 채 웃고 있는 상체의 소녀 사진이 배경으로 되어있는데 이것은 대학 시절의 내 모습이다. 매년 5월이면 서울 시내 각 여자대학교에서 당연하게 치러지던 메이퀸 대회!

그러나 유일하게 우리 학교만은 메이퀸을 뽑지 않았다. 대신에 교정의 만발한 장미 중에서 전교생의 투표로 여왕장미를 뽑았는데 이것이 우리 학교 5월 축제의 하이라이트였다. 여왕장미 앞에서 찍은 이 사진을 들여다보노라면 어느 사이 장미꽃 송이 송이에서 해맑던 친구들의 얼굴이 꽃처럼 피어난다. 청량하게 퍼지던 그날의 웃음소리가 어디선가 들려온다.

2학년 여름 방학 때던가? 나는 동래온천이 고향인 영혜의 초대를 받았었다. 우리 과에서 키가 제일 작던 영혜였지만 야무지고 총명하기가 이를 데 없었다. 난생처음 발 디뎌본 낯선 부산역! 내 이름을 부르는 영혜의 사투리는 반가움을 넘어선 희열이었다. 일광 해수욕장에서 보낸 나흘간의 캠핑, 해운대의 그 신비스런 파도, 내 뺨으로 휘갈기던 영도다리 난간에서의 그녀의 긴 머리칼……. 모교에서 주최하는 25주년 홈커밍대회 때에야 우리는 졸업 후 처음 만났다. 예전의 부산역에서처럼 우리는 바로 부둥켜안았지만 둘 사이에

감지되는 어쩔 수없는 낯선 기류는 흘러간 세월을 말해 주고 있었다. 그러나 우리는 이내 옛날로 돌아갔고 끝없는 대화는 밤새우며 이어졌다. 전도양양한 법관 딸 자랑을 할 때의 영혜 얼굴은 해처럼 빛났다. 하지만 바쁜 딸을 대신하여 외손주를 키우고 있다는 대목에선 어쩐지 자신 없어하다가 '남의 자식 키워주는 사람도 있는데 하물며 내 핏줄인데'라고 하면서 아기가 주는 생명의 기쁨을 강조하였다.

순이는 내가 사귄 최초의 대학 친구다. 의젓하고 기품이 있는 그녀와 나는 방학 때마다 긴긴 편지를 주고받으며 건전한 우정을 쌓았다. 기숙사 식탁에 좀처럼 오르지 않는 상추가 먹고 싶다고 무심결에 말했더니 이튿날 한 아름의 상추를 싸들고 기숙사 면회실에 나타났다. 방학이 되어 내가 하향 길에 오를 때면 의례히 내 테이블보랑 이불 홑청을 빼앗아갔다가 개학날이면 깨끗이 빨아서 풀 먹인 것으로 나에게 되돌려주곤 했다. 해외근무를 많이 해서 주위의 부러움을 샀고 남들보다 훨씬 이른 나이에 승승장구하던 순이 남편이 어느 날 느닷없이 명예퇴직을 당했다면서 집안에 들어앉았다. 젊은 날을 온통 회사 일에 바치고 처자식과의 단란한 시간마저 반납했던 상황에서 이것은 청천벽력이었건만 사려 깊은 그녀는 '이제야 마침 내 남편을 독차지하게 되었네…….'하며 여유를 보여주었는데 새로운 삶의 시작은 아무리 전문성의 보유자라 할지라도 만만치 않은 듯 순이의 얼굴에는 어느 사이 수심이 차기 시작했고 말수도 점차 줄어들었다.

보랏빛 투피스가 썩 잘 어울리는 효례는 샘이 많아서 언제나 성적이 좋았다. 그녀가 겨루는 경쟁 상대가 뻔히 나 인줄 알면서도 나는 내게 없는 장점을 지닌 그녀를 진정으로 인정했고 존중하였다. 그래선지 깍쟁이 효례는 내게만은 무엇이나 후하여 그녀 어머니가 만들어 보내는 진달래 떡이라든가 미숫가루 등을 나누어 먹을 때는, 다른 기숙사 친구들보다 훨씬 많이 주었고 그러면 나는 느긋하게 그것을 즐기곤 했다. 알뜰하고 검소한 효례의 성품은 더러워진 이불홑청을 바꿀 때마다 극명하게 나타나곤 했는데 그것은 헌 이불에서 뜯어낸 헌 실을 얌전하게 옆에 챙겨두었다가 새 이불을 꿰맬 때 다시 그 헌 실을 쓰는 모습에서다. 그러나 사람의 미래는 아무도 측정할 수 없다. 그토록 알뜰하고 생활력 강한 효례가 수재 형의 남편을 만나 행복하게 사는가 싶었는데 둘 사이의 가치관 차이가 의외로 컸었는지 끝까지 조화를 이루지 못하다가 어느 날 문득 남편은 자기 뜻을 제대로 펼쳐보지도 못한 채 말없이 이 세상을 떠났다. 그렇지만 샘 많고 열정적인 효례는 극복의 산을 수없이 넘나들며 재기에 몸부림 쳤고 마침내 재력 있고 정직한 새 남자를 만나 원하던 행복을 거머쥐었다. 착실한 크리스천이 되어 지금은 잘 산다는 후문이다.

부잣집 맏며느리감인 성희는 금산 출신 아가씨이다. 방학 중에 엽서 한 장을 날려 보내고 예고도 없이 내 앞에 나타난 그녀는 금산 자기 집으로 나를 데리고 갔다. 열두 대문 고옥의 융단 같은 잔디밭을 밟고 지나가 그윽한 안채로 내가 인도 되었을 때 이 집안의 최고 어르신인 팔순 할머님은 정물처럼 고요하게 혼자 앉아 계셨다. 큰절로 인사하는 초면의 손녀 딸 친구를 가까이 오도록 손짓하시고 당신도 한 무릎 다가오셔서 내 긴 머리칼을 쓰다듬어주던 분, 그 온유함과 향기로움이 너무나 인상적이어서 나는 전설처럼 지금까지 그분을 가슴에 담고 산다. 그리고 나를 당황시킨 성대한 만찬……. 휘영청한 달빛 아래 온 식구가 잔디밭에 둘러앉아 송편을 빚어 이튿날 영천사로 놀러갔는데 바위 앞에서 찍은 기념사진은 내가 오랫동안 추억으로 펼쳐보곤 했었다. 닷새 동안 머물다가 떠나오던 날, 성희 어머니는 시외버스 정거장까지 배웅 나오셔서 내 두 팔에 힘겨운 인삼주까지도 안겨주셨다.

전혀 소식이 없던 성희로부터 몇 십 년 후 어느 날 뜬금없이 전화가 왔다, 한강이 내려다보이는 우리 집 거실에서 60대 여인이 된 성희와 내가 마주 보고 앉아 있을 때 저 멀리 원효대교 밑 한강은 눈부신 정오의 은빛 햇살로 보석 밭을 이루고 있었는데 그리워하던 옛 친구와의 대화는 너무나 삭막하고 건조하여 이 멋진 풍광은 제 구실을 못한 채 남루하게 스쳐갔다. 이런 중에서도 다행인지 불행인지, 울지도 웃지도 못하는 비하인드스토리 하나가 밝혀졌는데 그건 바로 몇 십 년 전 내가 금산에 초대받아 갔던 그 즈음이 성희 삼촌의 신붓감 물색 기간이었다는 것이다.

원하는 것은 무엇이나 얻을 수 있었던 풍요롭던 젊은 날의 그녀 일상이 오히려 이 험한 세파를 헤쳐 나가는 데는 저해 요소가 된 것 같아 안타까웠다. 두 번씩이나 교통사고를 냈다더니 황혼의 나이에 후유증은 없는지…….

팔방미인 계식이는 초등학교 때부터의 친구이며 내가 유일하게 생각하는 나의 맞수이다. 대전여중 때 단짝이었던 계식이가 서울의 고등학교로 떠나가던 날 친구들을 불러 모아 기념사진을 찍고 눈물 흘리던 기억이 새삼스럽다. 우리는 3년 후 서울에 와서 다시 만났다. 학교는 달랐지만 한 달에 두어 번은 꼭 만났고 내가 쓰는 소설의 주인공 이름도 함께 골랐으며 피아노 실기시험 곡도 언제나 그녀 앞에 제일 먼저 쳐보였다. 잘 나가는 마취과 의사와 결혼하여 일찌감치 미국으로 이민 떠났다가 10년 만에 고국 방문을 하였는데 그때 수영복 하나를 내게 선물로 주고 갔다. 바이올렛 색깔에 세련된 디자인과 탄탄한 신축성이 너무나 내 맘에 들어 한평생 그것만을 일관되게 입었기에 바캉스철의 내 앨범 속 수영복 패션은 단조롭기 이를 데 없다. 내가 쓰고 있는 소설의 주인공 이름도 함께 짓고 내가 치는 「월광 쏘나타」를 정식으로 혼자 들을 수 있는 친구도 계식이 뿐이었다. 십 수 년 세월 속에 늘어지는 그 수영복의 신축성처럼 시시각각 달라지는 우리들 피부…….

그러나 48년 한결같이 이어오는 총학생회 임원 모임은 나이와 상관없이 언제나 청춘이었다. 그런데 어느 날 대학교수 숙령이가 소리 없이 정년퇴임을 했다. 연이어 오랫동안 몸담아 왔던 <여약사협회>에서 정자가 회장직을 내 놓았다. 작년에는 '방송통신 부위원장'직에 있던 경자마저 은퇴를 했다. 비로소 바로 보이기 시작하는 우리들 모습…….

5월의 장미꽃은 해마다 피지만 인간의 장미는 단 한 번뿐이다. 리허설이 없는 순간순간의 유일한 무대 공연을 하며 우리는 이제까지 살아왔고 지금은 마지막 장이다. 아직은 현장에서 진두지휘하며 열심히 일하고 있지만 이제 나도 슬슬 떠날 채비를 한다.

아름다운 내 인생의 마무리! 서울 근교 푸르른 숲속에 새로운 둥지를 틀고 그동안 미뤄왔던 하고 싶던 일들을 하나씩 이루어가며 남편과 더불어 유유자적 살아볼 일이다. 600평 쯤 땅을 사들여 손이 별로 안 가는 과수들을 심고 조그마한 채마밭을 가꾸어 방금 뽑은 야채들의 흙을 툭툭 털어 그 자리에서 먹으며, 작은 야외 음악당을 하나 지어 원하는 이들에게 장소도 제공하고 시낭송대회라도 한다면 사람이 그리워 살지 못한다는 전원생활은 되지 않겠지…….

나름대로 쌓아온 인생의 경륜으로 힐링캠프도 열고 여름에는 시원하고 겨울에는 따뜻한 안온한 황토 흙집을 지어 그동안 나를 사랑해준 친구들과 이웃들을 초대하고 싶다. 사는 동안 받기만 하고 살아온 내 삶을 되돌려 주리라.

사계절이 오고 가는 세밀한 바람소리를 즐기고 자연의 일부가 아닌, 내가 자연을 향유하면서 산다면 내 삶의 마지막 장은 5월의 장미보다 더 우아하지 않을까?

잊을 수 없는 선생님

내게는 잊을 수 없는 스승님이 여러 분 계신데 그 중에서도 제일 먼저 생각나는 분은 대전사범부속초등학교 시절에 음악을 담당하시던 이문주 선생님이시다. 깡마른 몸에 후리후리한 키의 선생님은 가르마 없이 뒤로 쓸어 넘긴 머리를 하고 늘 자전거를 타고 출퇴근하셨다.

내가 피아노를 전공하게 된 것은 그 선생님 덕분이다. 선생님이 부임하시면서 다 낡은 오르간 한 대뿐이었던 학교에 피아노가 들어왔고 희망자들은 피아노도 배우게 되었다.

집이 학교와 가장 가까웠던 나는 저녁 식사 후의 맨 마지막 시간을 배정받았다. 야무진 데 없이 늘상 어리숙했던 나였지만 피아노에 관해서만은 다부지고 악착같았다.

선생님은 늘 어느 추웠던 겨울밤의 기억과 함께 떠오른다.

어느 날 불기 없는 차가운 음악실에 동그마니 앉아서 밤늦게까지 연습하던 나는 우연히 선생님의 눈에 띄게 되었다. 선생님은 일부러 들어오셔서 꽁꽁 언 내 손가락을 그 크고 두툼한 두 손으로 오랫동안 감싸 녹여주셨다. 어떤 날은 숙직실의 질화로를 번쩍 들어다가 곁에 놓아주시기도 했는데 그때의 훈기는 오늘까지도 내 몸에 따뜻이 배어 있다.

학교 뒤뜰에 쌓인 눈이 내 어린 발목을 폭폭 빠져들게 했던 겨울

밤, 선생님은 학교 정문을 놔두고 우리 집으로 가는 지름길인 학교 철조망의 개구멍받이를 쳐들고 계시면서 나를 빠져나가게 했다. 대문 앞에 도착할 때까지 행여 내가 무서움을 탈세라 끝까지 언덕 위에 지켜 서서 휘파람을 불어주시던 나의 스승님!

선생님이 이끌던 우리 학교 합창단은 도내 콩쿠르에서 늘상 일등을 차지했는데 전국 콩쿠르에 참가했던 지방 학교도 우리가 최초였다. 서울 어린이들에게도 채 보급되지 않은 새로운 동요를 우리가 먼저 배우게 된 것은 서울방송의 어린이 프로그램을 열심히 녹음해서 익히신 선생님 덕분이었다.

독창, 중창을 도맡아 하며 여기저기에서 공연했던 내 어린 시절의 경험은 내 인생을 당당하게 살아가게 한 밑바탕이 되지 않았나 싶다. 교직을 천직으로 아시고, 진정으로 어린이의 정서 생활을 염려해 주신 선생님, 나도 내가 가르치는 아이들의 기억에 잊을 수 없는 선생님으로 남고 싶다.

고은하 시인과의 만남

내가 쓴 수필「잊을 수 없는 봄날」에 댓글을 달아주고, 내 첫 번째 작시곡「그대의 은발」 스토리의 내 긴 머리칼을 보고 두 번째 글을 올리신 부산의 고은하 시인!

우리가 만난 것은 대전 메시아필오케스트라 공연 중에 그녀의 작품「맥아리랑」이 연주되는 예술의 전당으로 가는 지하철역 앞에서였다.

공연장까지의 차운전은 대전 사는 여동생이 맡아주기로 했는데, 성격이 쌈빡한 내 동생이 러시아워의 백화점 길은 무조건 피해야 한다며 미안하지만 지하철 세 정거장만 타고 와서 보잔다.

아래 글은 고은하 시인이 먼저 와 기다리고 있는 내 모습을 그린 카톡 글인데, 너무나 소중한 추억이기에 여기에 담아두려 한다.

참 고우신 당신

– 민서현 선생님께

고은하

한달음에 달려간 건 다름이 아닌 흑단 같은 고운 머릿결만큼 참

하고 그윽하고 맑고 매력적인 그 눈빛이 보고 싶어서였습니다. 세월이 모든 것을 변하게 하는 세상에서, 선택의 귀로와 매 순간 방황하는 삶의 모퉁이에서 눈에 보이는 가치에 따라 흔들리는 눈동자는 세월에 지고 힘에 눌려 영롱하던 빛은 사라지고 마는 안타까운 현실을 직감하며, 순간 당신을 보러가는 열차 안에서 갑자기 두려움도 앞섰습니다.

차마 발길을 돌릴 엄두도 내지 못하는 대전행 KTX 열차에서 어쩌면 예기치 않은 실망의 경험들이 생각나 오히려 나의 눈빛이 흐려졌었는지도 모릅니다. 그렇게 다난한 마음 달래며 당신을 만나기 위해 마지막 계단을 오를 때 작고 예쁜 콩새 한 마리가 환한 미소로 반겨주었네요. 어두웠던 세상이 갑자기 환해지며 '아, 참 오길 잘했다.'라는 생각이 먼저 들었습니다.

한평생 간직해온 다이아몬드보다 더 아름다운 눈동자는 세월도 비껴가고 고난도 비껴간 꽁꽁 잘 숨겨져 온 보석처럼 이제 그 베일을 벗고 세상에 처음 나온 눈부시게 아름다운 빛이었습니다.

'우리도 이런 날이 있

었지.'라고 허투루 이야기하지 마라. 유럽의 프린세스(princess)도, 동양의 귀족녀도 이 사진속의 그녀가 가진 존귀함은 갖추질 못했으니, '가히 당대의 귀녀(貴女)로다.'라고 칭한 나의 말이 실언과 아첨이 아니라 통찰과 직관이었음이 확인되어 내내 행복하였습니다.

참 고우신 그대! 그대의 눈빛은 영롱히 살아있는 보석보다 아름다운 인간승리였습니다. 그러나 무엇보다 잔잔한 미소로 당신이 평생을 콩새로 살 수 있도록 삶의 여백을 채워준 젠틀한 부군이 옆에 계시어 참으로 감사한 인연이었습니다. 이제 나의 삶의 혜안도 믿음을 갖고 당신과 더불어 행복하길 기원합니다.

아직도 열렬히 사랑합니까?

시인 김남조 선생님의 시 인생 70년을 기념하는 행사가 지난 토요일 영인문학관에서 열렸다는 기사가 눈에 띄었다. 김남조 선생님의 강의 '시 인생 70년'이 끝난 후 김동길 교수와 이어령 장관의 명축사가 있었고 선생님의 수제자 신달자, 김승희 시인의 시낭송에 이어 화기애애한 만찬이 이어졌다고…….

10년 전 우리 집에 다녀가신 선생님이 생각나서 그 당시 우리 레스토랑의 홈페이지에 올렸던 글을 이곳에 옮기며 구순의 선생님을 그려본다.

아직도 열렬히 사랑합니까?

지난 일요일 저녁나절, 숙대 이은령 교수가 시인 김남조 님과 김후란 님을 모시고 우리 레스토랑 IOU에 오셨다. 나는 숙대 1학년 때 김남조 선생님의 국문학 강의를 교양과목으로 들었었고 결혼식 날 답례품으로 발행했던 내 수필집 『창세기』를 신혼여행 후 주례를 맡아주셨던 윤태림 총장님을 뵈러갈 때 학교로 갖다드린 적이 있었다. 햇살 드는 교수실 창가에서 고요한 정물처럼 앉아계시던 선생님은 그날 다짜고짜 불쑥 '행복하세요?'라는 한마디를 던지셨다. 반대하는 어려운 결혼식을 마치고 이래저래 기진한 상태에서 그래도 좋다고 신혼여행까지는 다녀왔는데 겁도 없이 자청한 시집살이의 문화적 차이가 만만치 않아 적이 당황해하고 있던 나한테 느닷없는 '행복하세요?'는 갑자기 허를 찔린 듯한 기분이었었다.

'지금도 열렬히 사랑하세요?' 마술처럼 변해가는 IOU의 석양을……. 서서히 대지에 내려앉는 청색 땅거미를……. 마침내 불 켜지는 원효대교의 우아한 야경을……. 그 특유의 묘한 표정으로 홀린 듯 응시하시던 선생님이 갑자기 화제를 우리 부부로 바꾸더니 이번에도 느닷없이 재빠르게 내게 이렇게 질문했다.

"네에……. 뭐, 여전히……."

신혼 초 그날과 달리 이번에는 나도 선생님 두 눈을 피하지 않았다. 똑바로 바라보며 고개를 주억거렸다.

아직도 열렬히 사랑하고 있고, 아이들 반듯하게 잘 자랐고, 이만한 사업체에……, 선생님은 내게서 시선을 떼지 않으시며 혼자 말씀을 하셨다.

별빛처럼 초롱초롱했던 검은 눈동자의 선생님이 지금은 귀밑머리 허연 팔십 고령으로 내 눈앞에 앉아계시지만 하시는 말씀은 여전히 '지금도 열렬히 사랑하세요?'

아아, 선생님! 부디 저희 곁에 오래 계셔서 자칫 무뎌지기 쉬운 우리들 사랑의 촉을 이렇게 일깨워주세요.

함기선 총장님 이야기

혹시 기억하시나요? 올 2월 26일 롯데 콘서트홀에서 320명 연합 합창단에 의해 연주되었던 합창곡 「아카시아 군무」를…….

민서현이 작시하고 임긍수 선생님이 작곡했는데 그날의 연주로 인해 저의 남편의 예산중학교 2년 선배 함기선 총장님을 만나게 되었다는 이야기 말입니다. 뵌 지 한참 되어선지 그이가 요즘 부쩍 총장님 이야기를 꺼내네요.

오라고, 어서 오라고……. 날짜를 뽑아주신 고향 선배님……. 어제 우리는 서산에 다녀왔습니다.

총장님이 사주신 저녁밥에 총장님이 키를 꽂아 문을 열어준 리조트에서 잠을 자고 영양크림까지 선물로 받고 다녀왔는데 얼마나 즐겁고 행복했는지요. 북한과의 이산가족처럼 기나긴 64년인데 어떻게 저토록 순수한 옛정을 간직하고 있는지 참으로 경이로웠어요.

바람도 부는 차가운 날씨에 본관도 아닌 영암체육관 앞에까지 마중 나와 계시던 함 총장님……. 엘리베이터를 타고 총장실 소파에 가서 앉을 때까지 단 한 번도 잡은 손을 놓지 않으셨는데 부부 사진이 놓여있는 아늑한 총장실에 들어와서야 그 모든 것이 이해되더군요.

지난 번의 만남 후 1년 동안 격의 없는 대화를 전화로 몇 차례 나누었던 터라 분위기는 상당히 부드러웠고 중간에 전 코레일 사장

홍준만 석좌교수님이 합석하게 되어 옛이야기는 잠시 우리 레스토랑이야기로 화제가 바뀌었지요. 아직은 젊은 세대인 홍 교수님은 즉석에서 인터넷 검색을 하여 총장님께 보여드렸으므로 총장님은 비로소 우리 레스토랑 구경을 하셨습니다. 따님인 함주현 교수는 현재 한서대학교 교무부처장입니다만, 그 자애로운 인품이 정말 요즘 젊은 사람 같지가 않았어요.

충남도청과 교육청이 대전으로부터 이전된 내곡 신시가지를 구경 시켜 주시고 총장님은 예약한 일식집으로 우리를 데려가면서 앞이 보이지 않는 후배에게 무엇을 대접할까 많이 고심했다고……. 한 접시 한 접시 따로따로 나오는 일식 단품을 먹으면서 나는 총장님의 그 깊은 배려에 가슴이 저렸습니다. 식성이 좋은 우리 부부의 먹는 모습을 그렇게도 만족한 표정으로 바라보시던 총장님……. 아아, 참으로 선량한 어른이십니다.

식사 후에 그이가 진심어린 감사의 말씀을 드리면서 아내 앞에서도 면이 섰다고 진솔하게 고백하고 앞으로도 잘 살겠노라 다짐하는 그 광경이 너무나 숙연하여 꼭 무슨 의식을 치르는 듯했어요. 숙소

프론트에서 체크인하고 돌아온 최 비서한테서 키를 받으신 총장님은 우리 방안까지 들어와 둘러보시다가 '엇? 침대가 왜 하나야?' 하고 놀라시데요. '어머, 총장님도……. 침대가 하나면 되지 뭐가 잘못 되었나요?'라고 반문했더니 평소의 그 순발력을 발휘하지 못하시고 한 대 얻어맞은 표정을…….

총장님과 헤어진 그 밤 우리는 많은 대화를 나누었고 이튿날 새벽의 덕산 온천은 나 혼자 조용히 다녀왔어요.

내가 아직 탈의실에 있는데 핸드폰 벨이 울렸습니다. 10시 행사에 참석하러 지금 인천으로 가고 있다고 말씀하시는데, 어머나……. 전화기 너머의 총장님 음성이 왜 이리 달라지셨죠? 허 회장과 맛있는 것 찾아 사먹고 조심히 가라고 당부하는데 활기가 넘치시다 못해 생기발랄하기까지 했어요.

메마르고 강팍한 세상이라구요? 아니에요, 내가 본 세상은 너무나 아름다웠어요.

부행장님의 감성

"IOU 민서현 사장이 작사한 노래가 어제 9시 반 KBS라디오에서 방영, 두 분의 사랑이 아름다워 공유합니다. 저는 어제 라디오는 못 듣고 위 블로그에서 들었습니다. 듣고 너무 아름다워 막 퍼날랐네요."

우리 레스토랑 오랜 고객님인 신순철 전 부행장님이 이런 글월을 우리 레스토랑 홈페이지에 올리셨다. 부하 직원들을 거느리고 오실 때와 남편 분과 데이트하실 때의 분위기가 사뭇 달랐던 분, 그래도 나실나실한 여름 스커트 차림으로 따님과 단 둘이 나타나셨던 어느 일요일 모습이 가장 인사에 남는다.

홈페이지에 올린 글을 보고야 나는 알았다. 왜 그녀가 그리도 우리 레스토랑을 좋아했는지…….

내 친구들

초등학교 동창 계식이가 오랜만에 고국방문을 했다. 여중 때 내 단짝이었던 그녀는 대학 졸업 후 결혼하고 바로 미국으로 이민을 갔지만 나하고는 꾸준한 교류가 이어져왔기에 나는 어제 본 친구를 만나듯 가벼운 마음이었다. 며칠 전 뜨락에서 뜯어 냉동시켜둔 쑥 인절미가 있기에 나는 내가 작사한 CD 몇 장과 함께 선물로 내놓았다. 나까지 모두 다섯 명이었다.

와, 얼마 전까지도 교양 없다고 눈살 찌푸리던 다른 여자들보다 더 크게 우리는 함성을 질렀다. 그리고 헤어질 무렵에는 초등학교 전국합창대회 때 나가서 불렀던 노래를 다 같이 불렀다.

'저기 먼 바다 외로운 섬에 등대불이 하나 / 반짝반짝 비추이네 저만큼 비추이네.'

그러면 알토 파트가 '랄라 랄라 랄라라.'

내가 잡은 카메라 렌즈 안으로 최선을 다해 살아온 노을 속의 여자들이 눈물겹고 아름답게 클로즈업되어 왔다.

이 시대의 희귀종

지난날을 뒤돌아보는 시간이 늘어나는 요즘, 오늘은 내가 레스토랑 운영할 때의 어떤 한 가족이 생각난다.

대학생이 된 큰 아들과 고등학생의 작은 아들을 데리고 예약한 중년의 부부가 들어섰다. 그리고 잠시 후 백발이 성긋대는 60대 부부가 찾아와 예약자의 이름을 댔다. 이들은 각기 20년 전, 또 18년 전 두 아들을 받아준 산모와 산부인과 원장의 사이다. 이제 막 현역에서 물러나 자유인이 되었다는 원장님께 당신 손으로 받은 핏덩이의 성장을 보여주어 한 생의 보람을 확인시켜주고 격려해주는 의미 있는 자리를 만든 것이다.

새로 전개되는 삶의 후반부에 오늘의 이 만남은 그 의사 분께 얼마나 큰 활력소로 작용될까……!

원장님은 웃으면서 내게 이렇게 말했다.

"사장님, 이분들은 이 시대의 희귀종입니다."

타고 가시겠어요?

서울 본 교회에 가서 큰 아들애와 함께 예배드리고 점심을 같이 먹은 후 서울 집에는 들르지 않고 바로 양평으로 오는 중에 중앙선 열차를 타고 신원역에서 내려 노래 부르며 들길을 유유자적 걸어 들어오고 있었다.

스르르 차 한대가 옆으로 멈춰서더니 '저도 이쪽 길로 가는데 모셔다 드릴까요?'하고 차창 밖으로 한 얼굴이 삐쭉 나온다.

피곤하던 차에 잘 되었다 싶어 좋아라 올라탔는데 어디서 많이 본 얼굴이다.

친구네 집에 오는 길이라는 이 사람은 브라운관에서 봤었던 인물, 이왕 온 김에 들어가 차 한 잔 하고 가랬더니 친구가 기다리고 있다고 방금 내뺐다 그래도 내가 '인증샷'하고 외치니 선뜻 포즈는 취해주고.

꽃동네 새동네

푸른 하늘 푸른 숲 푸르른 바람…….

오늘은 신원리 우리 마을의 한 달에 한 번 있는 대청소날이다.

마을 회관 확성기를 통해 들려오는 이장님의 허스키한 청소 참여 재촉 소리…….

옳거니, 재난지원금은 이럴 때 쓰는 것이렸다!

오늘 나는 수고하신 마을주민 40분께 점심식사를 대접했다.

내 고향 동이점골

남계 박영희

다정한 이웃끼리 속을 털고 사는 마을
콩 한 개도 나눠먹던 조상들의 삶
순이 시집 간다고 누룩 넣고 만든 막걸리
한 동이 이고 잔칫집 항아리에 붓곤 하던
그 잔치집이 그립다
오일장 계란 꾸러미 팔러간 엄마
건빵과 별 사탕 옥수수뻥튀기 사다주던 그 시절
봄이 오면 벚꽃에 버찌 열매 매달리고

뽕나무 오디 까맣게 익어 가면
입 안 가득 따 먹던
그때가 그립다

물오른 소나무순 양손으로 비벼서
흘러내리는 단물 빨아먹던 친구야
쨍쨍 햇볕 쪼며 학교에서 돌아오다
텀벙텀벙 뛰어 놀던 청석다리 연못에서
물쌈하던 내 친구가 그립다

변우식 선생님과의 인연

언젠가 밀양강 오딧세이 주제가 「바람의 노래」를 우연히 듣고 우리나라에 저런 작곡가가 있었나, 전율한 적이 있었다. 그의 음악에는 신기(神氣)어린 독특한 서늘함에 훨훨 나는 자유로움이 있었다.

그런데 그로부터 몇 달 후 오늘, 나는 우리 레스토랑 IOU에서 그와 함께 점심도 먹고 사진도 찍고 긴긴 이야기도 나누었으니 참으로 한 치 앞을 못 보는 게 인생이란 말이 새삼 실감 난다.

아니, 이보다 더 기막힌 사실은 동경의 대상이었던 그가 내가 쓴 졸시에 당신이 만든 멜로디를 가지고 와서 내 손 안에 꼭 쥐어주었다는 사실이다. 이것은 내 삶의 중대사건, 대박이 아닐 수 없다. 얼마 전 내가 카페에 올렸던 「물 위에 쓰는 편지」는 이제 몇 개월 뒤 지극히 아름답고 격조 있는 한국의 가곡으로 재탄생되어 세상의 위로가 되어 주리라.

침묵의 바다 같은 변우식 선생님! 그러나 바다 속 신비로움 속에 헤아릴 수 없는 무한대의 보화가……. 어느 날 문득 빛처럼 솟구쳐 오를 '물 위에 쓰는 편지!'

피그말리온의 힘

오늘은 결혼 49주년기념 하우스콘서트 날이다. 오후 4시 시작인데 2시경부터 손님들이 모여들었다. 더러는 숲길로 산책을 가고 더러는 삼삼오오 모여앉아 이야기꽃을 피우지만 대부분은 리허설에 참여하는 분위기였다.

소프라노 김보영 선생이 내가 작시한「그대의 은발」을 씽얼롱으로 이끌어가며 축제는 시작되었다. 내년의 금혼식음악회를 계획한지라 올해는 가볍게 스쳐가려 했는데 어쩌다보니 출연자 24명에 참여손님이 20명, 도합 44명 손님들이 모여서 우리부부를 응원해 주신다.

음악회 끝난 후 2부는 간단한 파티를 했는데 권 회장님이 사회를 봐주시고 우리 부부의 케이크 커팅 후 청춘합창단 권대욱 단장님이 '아름다운 나라' 축가를 불러주셨다.

94세의 조규성 선생님이 건배사를 하시니 오호, 이곳이 참으로 오늘의 축가대로 아름다운 나라가 아닌지? 우리 부부는 여러분들의 응원에 힘입어 살아갑니다. 고맙습니다. 여러분!

영광의 탈출

숲속에서만 살다보니 갑자기 바다가 보고 싶다.

"까짓 거, 가면 되지……."

우리는 길을 나섰다 그랬더니 이게 웬 횡재람? 쪽빛 가을 하늘에 아직 피어있는 꽃들이랑 질펀한 억새풀이랑……. 무드 있는 야외카페에서 춤을 추고 노래 부르고 풍족하게 먹고 마셨다.

어차피 출발역은 점점 멀어가고 종착역은 가까이 오는 것. 달리는 차창에서 그이가 부르는「김삿갓」이 구성지다.

90세에 노래하는 청년 조규성 선생님

민 선생님, 작가이신 사실을 이 꼰대는 몰라 뵈어서 죄송합니다. 저는 이번 행사기간 중에 가장 인상에 남는 시간이 집 앞뜰에 앉아서 부침개에 막걸리, 쐬주를 마시면서 담소하던 시간이 가장 인상에 깊이 남습니다. 어려서 어느 가을날 집 앞 평상에 누워 하늘을 바라보며 동생들과 '별 하나 나 하나' 소리치고 '푸른 하늘 은하수 하얀 쪽배에…….', '서울 가신 오빠는 소식도 없고 나뭇잎만 우수수 떨어집니다…….' 부르던 동요 생각이 났습니다. 지나간 것은 모두가 아름답게만 여겨지는 황혼의 나이에 그리움은 영원합니다. 참 잊을 수 없는 하룻밤의 가든 파티였습니다.

공자가 말하기를 현자가 사는 곳은 공기가 맑고 물이 맑다고 합니다. 삭막한 시간에 쫓기듯 살아가는 도시인은 어떤 면에선 답답하고 숨이 막히듯 쫓기며 살아갑니다. 아주 모범적인 삶을 살아가는 내외분 부럽습니다. 나도 언젠가 흙으로 돌아가기 전 에 꼭 한번 하고 싶은 것이 물 좋고 공기 좋은 곳에서 새소리 물소리 들으며 살다가 가고 싶은 것입니다. 두 내외분 건강하세요. 외조와 내조가 잘 어울리는 한 쌍의 원앙 같습니다. 내가 보기엔 가장 모범적이고 행복한 분들입니다.

- 멀리 용인에서

새싹축제 지난 지 며칠 된 엊그제 나는 올해 90세이신 조규성 선생님으로부터 이런 카톡을 받았다, 너무나 심금을 울리는 좋은 글이기에 이곳에 올린다.

친구여 안녕

내가 아끼고 사랑했던 친구 강영자! 그녀와는 대학교 1학년 약대 음대 교양 과목의 합반으로 인해서 친해진 사이다. 그녀는 명문 경남여중과 경기여고를 졸업했고 숙명여대 전체 수석으로 입학한 재원! 3학년 2학기 총학생회 임원 선출의 시즌에 그녀는 약학대 학생회장으로 나는 음악대학 학생회장으로 각각 당선 되어 우리는 더욱 가까워졌다.

그녀의 꿈은 세계적인 소프라노였지만 함경남도 이원교회 설립자이신 부친의 순교로 말미암아 홀어머니와 남하하였기 순전히 생활을 위한 약학도가 된 터……. 그래서 그녀는 피아노책을 끼고 다니는 나를 늘상 부러워했고 또 좋아했다.

나도 그녀를 의식하여 음악대학 학생회 주관으로 '제1회 교내 아마추어 성악콩클'을 신설하였고 그에게 최우수상의 기쁨도 맛보도록 도왔었다.

인생의 꽃봉오리 스무 살 나이에 만나서 잔잔한 우정을 곱다랗게 키워오던 어느 날 우리는 문득 경기도 양평의 한 숲속에서 한 동네 이웃으로 살아가게 된다.

그녀는 남편 황의각 박사의 위암 치료를 위해 이미 20년 전에 이곳에 터를 잡아 살았고 나는 이제 시력에 장애가온 내 남편을 위하여 여기에 전원주택을 짓고 들어온 것이다.

흘러간 50년……. 그사이 그녀는 남편의 유학시절 미국 오리곤대학교 경영대학원에서 회계학을 이수하여 미국변호사협회에서 회계사로 일했고 영국 로이드 국제은행 서울지점 외환자금부 차장도 역임했었는데 한독일 상공회 재무부에서 근무하고 있을 적에 김일성 주석의 사망 소식을 접했었다.

이듬해 그녀는 심사숙고 끝에 잘 나가고 있던 회사에 사표를 던진 후 3년 뒤 이수역 근처에 있는 총회신학교 신학대학원에 입학하였다. 2개 과목의 석사과정까지 이수했지만 꾸준하게 추진해오던 여성문제가 해결되지 않자 다시 박사과정에 돌입했지만, 그때는 이미 칠순이 넘은 나이, 그래서 그녀와 나는 한 동네에 살았어도 살뜰한 우정을 나눌 수 없는 상황이었다.

설상가상으로 그녀에게 혹독한 설암이 찾아왔고 겨우 극복하고 나니 이번에는 폐암이…….

작년 봄 그녀는 마침내 총신대 일반대학원에서 '바울서신의 남녀관'으로 신학박사 학위를 취득했다. 부친이 세우고 순교하신 이북의 이원교회 재건과 북한 선교에 대한 열망, 그리고 여성목회자에 관련한 성경연구가 더 이상 불가능해진 74세의 폐암말기 환자가 되어서…….

아내의 열망을 동일시하며 마지막 순간까지 열렬하게 지원해준 남편 황 박사의 헌신과 자기희생은 감동이다.

그리고 그 직후 '숙명여대 50주년 홈커밍대회'가 있었는데 그렇게도 그녀가 열심히 준비해온 그 자리에 참석 못하고 딸의 근무처였던(현재는 미국에서 활약 중) 고대안암병원에서 사경을 헤매고 있었다.

남녀가 평등함을 입증하는 박사논문을 국회에 나가 발표한 것을 마지막으로 그녀는 지금 경상북도 선산에 고요히 영면해 있다

친구가 떠난 지 이제 100일……. 황 교수님과 어떻게 대면해야 좋을지 몰라 차일피일 미루다가 모처럼 날씨가 풀려 용기를 내었더니 스스럼없는 척 선뜻 응하셨다.

그녀와 함께 가려고 예약까지 해놓았던 바로 그 한정식집에 우리 내외와 황 교수님은 마주 앉았다.

"누가 기도 할까요?"

내가 남편 얼굴을 쳐다보다가 "아아, 각자 하면 되겠네……."라 했더니, "제가 하지요."라고 황 교수님이 말했다. 그는 여전히 위용 있고 절제된 침착성으로 감사의 식기도를 올렸지만 목소리는 어쩔 수 없이 점점 사그라들다가 마침내 목이 메인다.

강영자의 박사 논문은 그녀 소천 후 이제 '바울이 본 아담과 하와'라는 편한 제목으로 총신 여동문회에서 3권의 책으로 발간된다.

책장을 넘기니 그녀의 체취가 느껴진다.

내가 사랑했던 친구……

1995년 내가 우리 집 가족문고 『걸레를 든 마릴린먼로』를 출간했을 때 그녀는 약학과 동기동창 전체에게 우리 책을 사보도록 독려하여 단체로 구매했으며 자신도 뭔가 새로운 삶을 살겠노라 말했다 그런 후 내 책 20권을 따로 사서 직원들에게 주는 고별선물로 사용했다.

나는 안다. 그녀의 깊은 배려였음을…….

영자야, 너는 내가 치는 피아노 반주에 노래하기를 유달리 좋아했지……. 화자 남편의 장로장립식 날 불렀던 너의 축가 '내 평생에 가는 길…….' 너의 삶은 이 찬송가 그대로였다.

그래, 언제 어디서나 항상 고즈넉했던 너의 영혼…….

우리 집 하우스콘서트 때 함부로 벗어져 있는 현관 앞의 구두들을 반듯반듯 돌려놓고 거실로 들어서던 네 모습이 지금 보인다. 이렇게 여기 내 곁으로 다가오고 있네…….

"나는 서현이 너한테서 참으로 많은 도전을 받는다."라고 고백하던 너, "나는 인류를 위해서 내 논문을 통과시키고 말 거다."하던 너!

영자야, 가라. 이제 훨훨 날아 너 가고 싶은 곳으로 가라. 너의 못다한 꿈은 누군가가 계승하여 이루어가리…….

자……, 이제 나는 잡고 있던 너의 손을 이렇게 놓는다.

친구여, 안녕히…….

2018년 1월 20일 새벽 4시 25분

영원한 너의 벗 민서현 보냄

50년만의 해후

내 대학 때 스승이신 이흥렬 선생님!

나는 숙명여대 음대 학생회장이었고 선생님은 음대학장님이셨다. 학생회 일로 몇 번 아현동 자택을 방문한 적 있었는데 눈동자가 까만 재기발랄한 우리 또래 아들 하나가 누나(피아니스트 이영금 씨)를 제쳐 놓고 이따금 우리를 안내하곤 했었다. 50년이 흘러간 어느 날, 대전 예술의 전당 호국콘서트 장에서 나는 그 산뜻했던 옛날의 그 청년과 마주쳤다. 아니 정덕기 작곡가님 사모 백승희 님이 소개 시켜주었다.

아, 그이는 간 곳 없고 웬 초로의 신사 하나가? 작은 키의 이흥렬 선생님이 아닌 훤칠한 키와 더 준수한 외모였지만 그래도 나는 그에게서 반영된 내 젊은 날의 초상화를 설핏 보았다.

고 강영우 박사의 아내 석은옥 씨와

오늘은 고 강영우 박사님의 4주기 기일입니다. 14살 때 실명했지만 미국 최고 정책위원인 백악관차관보까지 이르신 분이었음은 누구나 다 아는 사실이지요. 그리고 이렇게 전 세계인의 희망의 상징이 되기까지 51년간 그의 눈과 아내로 살아온 석은옥 씨의 이야기 또한 유명합니다. 그분들을 생각하며 여기 한 장의 사진을 올립니다. 오래전 숙대 동문부부 송년모임에서 만났고 이 사진은 제가 운영하고 있는 레스토랑 IOU에서 찍은 것입니다.

지아비를 기리는 장애인장학사업을 활발하게 펼치시며 성공한 두 아드님과 함께 보람 있는 노후를 보내고 계신 석경숙 님(본명)을 응원 합니다.

'사랑합니다, 사랑합니다, 그리고 미안합니다.'

아내에게 바친 마지막 연서가 이 아침 새삼 심금을 울리네요.

꽃을 피우는 사람들

30년 전통의 한국작사가협회 총회가 코로나19의 여파로 몇 차례를 미루어오다가 오늘 마침내 인사동 '향가'에서 강행! 강도 집단처럼 모두들 마스크를 쓰고(대부분은 위임장으로 대치하고) 48명이 모였다. 2년씩 3번(3기) 도합 6년을 헌신하며 불모지를 개간해온 하옥이 회장이 '박수칠 때' 오늘 단상에서 내려왔고 부회장직을 역임했던 청정한 인상의 노유섭 님이 그 회장 자리에 올라가서 사이좋게 협회기를 이양했으니 이 얼마나 훈훈하고 보기 좋은가?

노랫말은 시대의 방향성이요 성장점, 꽃으로 치면 꽃의 순이다.

애국가도, 찬송가도, 찬불가도 군가도, 가곡도 유행가도 그 모두 노래라는 것은 노랫말로 시작되는 것이니 이 어찌 우리가 자긍심을 갖지 않을 소냐.

소속단체 없이 홀로 있어 자유로웠던 내 심경에 변화가 온 것은 작년겨울이다. 그래서 오늘은 내 인생의 터닝 포인트! 흰 눈이 내리는 내 삶의 여정에서 같은 곳을 향하여 걷고 있는 벗님들을 만난 것은 크나 큰 축복이다.

1년에 한 번씩 출간되는 회원들의 작품집인 『시는 노래가 되어』가 완성되어 오늘 배부되었지만 어떤 영감이 없으면 쓰지를 못하는 내 성정 탓에 준비된 작품이 없어 내 작품은 여기에 없다.

해산 후 한낮의 땡볕 임에도 불구하고 나는 최숙영 시인과 인사동거리를 기웃거리며 전통 찻집에 들러 차도 마시고 시원해 보이는 여름모자와 블라우스도 샀는데 그중에서 제일 잘 산 것은 초입에서 집어든 고상하면서도 화려한 모시 밥상보이다.

요즘 오랜 투병에서 승리한 내 남편이 그동안 당신 너무나 수고 많았으니 이제부터는 바깥바람 좀 쐬고 다니라고 마구 밀어붙인다.

그러나 그래도 밥상만은 차려놓고 나와야 하지 않겠는가?

오늘은 결혼 50주년일

오늘은 우리 결혼50주년 기념일, 예정대로라면 우리는 오늘 참으로 멋진 파티를 열고 즐거움을 나누었을 것이다.

그러나 많은 이들의 기대 속에 작년부터 별러오던 우리의 금혼식은 김성희 선생의 헌정곡이 일찌감치 들어오고 임청화 선생이 카렌다에 빨간 동그라미를 쳐놓고 기다렸건만 코로나19로 인하여 속절없이 무산되고 말았다.

그이 건강 상태도 안 좋고 나도 몇 달 간의 간병 일에 지쳐있던 터라 에라 잘 되었다 싶어 마음을 비우고 직계가족만이 모여서 식사를 했다.

"이제 우리는 '너와 나'의 관계가 아니라 '나와 우리'가 있을 뿐이다. 우리 둘 사이에 새로 전개되는 세계, 그것은 조그만 우주요 새 역사의 창조가 아닐 수 없다"

이것은 50년 전 우리 결혼식 날, 결혼 기념으로 출판했던 내 첫 번째 수필집, 『창세기』 책머리에 쓴 글이다.

이렇게 두 사람이 맨몸으로 시작했지만 50년 후 지금은 일곱 명의 가족으로 3대가 형성 되어있고 "사랑을 원리로, 행복을 목적으로 ,질서를 생활로"의 가정수칙이 변질되지 않고 잘 지켜져 왔기에 나는 이쯤에서는 결혼을 맹렬하게 지하의 부모님께 더 이상 죄스러워하지 않을 것이다.

희망이란 구명대를 끝까지 부여잡고 무사고 항해를 한 우리 자신들을 축하하며 감사기도를 올리고 모두 일어나 축배의 잔을 높이 드니 이제부터는 레드카펫의 길!

효심 깊고 능력 있는 아들들과 조화를 잘 이루며 성실하게 살아왔지만 그래도 이제부터는 좀 더 양질의 삶을 추구하려 한다.

50년 끝 50년 시작 일에 나는 이제까지의 오른쪽 머리 가르마에서 왼쪽으로 그 방향을 바꾸어 탔다.

이 도서의 국립중앙도서관 출판예정도서목록(CIP)은 서지정보유통지원시스템 홈페이지(http://seoji.nl.go.kr)와 국가자료종합목록 구축시스템(http://kolis-net.nl.go.kr)에서 이용하실 수 있습니다.
(CIP제어번호 : CIP2020038227)

민서현 수필집

레드 카펫

초판인쇄일 2020년 10월 15일
초판발행일 2020년 10월 20일

지은이 : 민서현
발행인 : 김순진
편집장 : 전하라
디자인 : 김초롱
펴낸곳 : 도서출판 문학공원
등 록 : 2004년 3월 9일 제6-706호
주 소 : 우편번호 03382 서울 은평구 통일로 633
녹번오피스텔 501호 스토리문학사
전 화 : 02-2234-1666
팩 스 : 02-2236-1666
홈페이지 : http://cafe.daum.net/yob51
이메일 : 4615562@hanmail.net

※ 책값은 뒤표지에 있습니다.